Rochus Stobbe

Social-Media-Marketing als Kommunikationsinstrument

Rochus Stobbe

Social-Media-Marketing als Kommunikationsinstrument

GRIN Verlag

Bibliografische Information der Deutschen Nationalbibliothek: Die Deutsche Bibliothek verzeichnet diese Publikation in der Deutschen Nationalbibliografie; detaillierte bibliografische Daten sind im Internet über http://dnb.d-nb.de/ abrufbar.

1. Auflage 2012
Copyright © 2012 GRIN Verlag GmbH
http://www.grin.com
Druck und Bindung: Books on Demand GmbH, Norderstedt Germany
ISBN 978-3-656-17877-4

FOM Hochschule für Oekonomie & Management

Frankfurt am Main

BERUFSBEGLEITENDER STUDIENGANG ZUM

BACHELOR-WIRTSCHAFTSINFORMATIKER

7. SEMESTER, WINTERSEMESTER 2011/2012

BACHELOR-THESIS

„SOCIAL-MEDIA-MARKETING ALS KOMMUNIKATIONSINSTRUMENT"

Verfasser   Rochus Stobbe

Karben, den 28. Februar 2012

INHALTSVERZEICHNIS

ABKÜRZUNGSVERZEICHNIS

B2B	Business-to-Business
B2C	Business-to-Consumer
CRM	Customer-Relationship-Management
PC	Personal Computer
ROI	Return on Investment
RSS	Really Simple Syndication
RTL	Radio Télévision Luxembourg
SMS	Short Message Service
TMG	Telemediengesetz
TV	Television

V

ABBILDUNGSVERZEICHNIS

1. Einleitung

Social Media ist aktuell in aller Munde. Fast jeder Mensch, der eine Verbindung ins Internet hat, nutzt einen Account bei Facebook, StudiVZ, Xing, LinkedIn oder MySpace.

Seit den Präsidentschaftswahlen in den USA im Jahr 2008 ist bekannt, dass Social-Media-Marketing lohnenswert sein kann. Denn Barack Obama ist nicht nur durch seine Auftritte im Fernsehen populär geworden, er nutzte zudem die Social-Media-Plattformen, um bekannter zu werden. So twitterte Obama Neuigkeiten bei Twitter, stellte Bilder und weitere Informationen bei Facebook der Öffentlichkeit zur Verfügung und unterhielt die Welt mit seinen Videos auf Youtube.[1] Nie zuvor verstand es ein Präsident, die neuen Medien so geschickt einzusetzen und soweit über die Grenzen seines Landes, noch vor der Wahl, bekannt zu werden. Dieser Erfolg und der dazugehörige Imagegewinn wären durch alte Kommunikationsinstrumente nur schwer erreichbar gewesen.

Ob dieses schnelle Imagewachstum ebenfalls auf Unternehmen anwendbar ist, soll unter anderem durch die vorliegende Bachelor-Thesis beleuchtet werden. Denn welches Unternehmen würde nicht gerne innerhalb weniger Wochen seinen Bekanntheitsgrad und seinen Erfolg steigern?

1.1. Zielsetzung

Die Zielsetzung der Bachelor-Thesis ist es heraus zu finden, unter welchen Umständen das Social-Media-Marketing für Unternehmen eine Erfolgsaussicht hat. Dabei soll das Ergebnis an einer jungen Zielgruppe festgemacht werden. Diese Gruppe ist vermehrt auf Social-Media-Plattformen vertreten und verbringt einen großen Teil ihrer Freizeit in virtuellen Welten, um mit Freunden zu chatten, Videos zu schauen, Statusmeldungen zu posten, Kontakte zu knüpfen, Bilder auszutauschen oder alte Freunde wieder zu finden.

Können Unternehmen in diese Welt eintauchen, um junge Menschen zum Kauf ihrer Produkte zu animieren? Passt diese Art der Kommunikation zu jedem Unternehmen? Lohnt sich der finanzielle Aufwand? Wie kann eine Firma den Erfolg kontrollieren? Und wann sollte ein Unternehmen die Finger davon lassen? Diese Fra-

---

[1] Vgl. Qualmann, E. (2010), S. 75ff.

gen werden in dieser Bachelor Thesis behandelt. Um das Ergebnis besser unterstützen zu können, werden die Resultate mit Studien verglichen, die es zum Thema Social-Media-Einsatz gibt. In diesen Studien soll vor allem das Interesse der jungen Menschen an Social-Media-Kampagnen beleuchtet werden. Außerdem soll es darum gehen, wie diese mit solchen Kampagnen umgehen. Ist dieses Verhalten interessant für Unternehmen und können diese Profit daraus schlagen?

1.2. Vorgehensweise

Am Anfang dieser Bachelor-Thesis werden die Grundlagen betrachtet. Dazu gehören die Definitionen der Begriffe Social-Media-Marketing, Kommunikationsinstrumente und die der jungen Zielgruppe. Als weitere Grundlage werden im folgenden Teil die wichtigsten Plattformen betrachtet, die im Social Media genutzt werden. Für jede Plattform wird auf die Nutzerzahlen eingegangen. Des Weiteren gibt es eine Übersicht über die Gruppen, die sich darin bewegen und welche Möglichkeiten für Marketing es in diesen Communities gibt. Danach erfolgt eine genauere Beschreibung über das Kommunikationsinstrument Social-Media-Marketing und ein kurzer Vergleich zu anderen herkömmlichen Instrumenten.

Im Anschluss wird auf die Ziele eingegangen, die ein Unternehmen mit Social-Media-Marketing verfolgt. Darunter fallen auch die Kommunikation mit einer jungen Zielgruppe und die Möglichkeiten, die vorhanden sind, um die Social-Media-Kampagnen zu bewerten.

Um die Theorie zu untermauern, gibt es ein Kapitel mit Fallstudien und –beispielen. Es wird auf Marketing-Kampagnen eingegangen, die sich sowohl positiv als auch negativ auf das Image der Unternehmen ausgewirkt haben.

Den Schluss bildet eine Übersicht von Vor- und Nachteilen des Social-Media-Marketings als Kommunikationsinstrument für Unternehmen, eine kritische Betrachtung der Thematik und das Fazit.

2. Definitionen

An dieser Stelle werden die Begriffsdefinitionen vorgestellt. Zu den Begriffen, die erläutert werden, gehören Social-Media-Marketing, Kommunikationsinstrumente und die Definition der jungen Zielgruppe. Damit soll die Abgrenzung dieser Begriffe verdeutlicht werden.

2.1. Social-Media-Marketing

Der Social-Media-Experte Gerald Lempke betrachtet die drei Wörter „Social", „Media" und „Marketing" separat und verweist auf die Bedeutung im Langenscheidt Wörterbuch. Unter dem Begriff „Marketing" steht: Absatzpolitik und Marktbesuch. Zu „Social" findet sich: sozial, gesellig, gesellschaftlich und geselliges Beisammensein. Und bei „Media": Medien (Zeitung, TV, Internet). Werden diese drei Aspekte zusammengesetzt, ergibt sich „demnach ein mediales Marketing, welches sich auf Gemeinschaften bezieht."[2]

Das Social-Media-Marketing ist ein Prozess, den Unternehmen in Anspruch nehmen können, um Zielgruppen anzusprechen, die sie mit den traditionellen Werbemöglichkeiten und –kanälen schwer hätten ansprechen können. Die Aufmerksamkeit lässt sich so auf Produkte, Webseiten oder Dienstleistungen ziehen. Social-Media-Marketing richtet sich an Gruppen, die sich durch Selektierung genau auswählen lassen. Das Internet ist voll von Communities, Foren und Plattformen unterschiedlicher Größe, Relevanz und Thematik, in denen die Benutzer miteinander kommunizieren und sich austauschen. Mit Social-Media-Marketing können Unternehmen an diese Benutzergruppen herantreten und mit diesen im richtigen Maße über die eigenen Produkte und Dienstleistungen diskutieren. Wichtig dabei ist es, den Gruppen zuzuhören, um somit Beziehungen zu diesen aufzubauen.[3]

2.2. Definition Kommunikationsinstrumente

Die Kommunikationsinstrumente werden im deutschen Raum laut den Marketingexperten, Köhler, Meffert und Bruhn als Unterpunkt des Begriffes Marketing-Mix

---

[2] Lempke, G. (2012), S.15.
[3] Vgl. Weinberg, T. (2010), S. 4.

gesehen.[4] Der Marketing-Mix ist eine Kombination der Kommunikationsinstrumente, die nicht separiert voneinander betrachtet werden dürfen.[5] Kommunikationsinstrumente sind eine Bündelung von in sich vergleichbaren Kommunikationsaktivitäten, die zur Wahrnehmung von Marketingmaßnahmen genutzt werden. Die Grobaufteilung von Kommunikationsinstrumenten wird in persönlichen Verkauf und Werbung gegliedert. Unter dem persönlichen Verkauf findet sich die persönliche, während unter dem Begriff Werbung die unpersönliche, beeinflussende Kommunikation zu verstehen ist.[6]

Hartwig Steffenhagen erwähnt folgende Kommunikationsinstrumente, wie klassische Werbung, Außenwerbung, Direktwerbung, Elektronische Werbung, Point-of-Sale-Werbung, Sponsoring, Messewerbung und Eventwerbung als wichtigste Kommunikationsmittel.[7] Markus Aerni und Manfred Bruhn nennen Mediawerbung, Direct Marketing, persönlichen Kommunikation, Verkaufsförderung, Public Relations, Sponsoring, Messen und Ausstellungen, Event Marketing und Multimedia-Kommunikation und unterscheidet sich nicht sehr deutlich von Hartwig Steffenhagen.[8]

Beim Einsatz der Kommunikationsinstrumente nehmen Aerni und Bruhn eine hierarchische Aufteilung in vier Gebiete vor: An erster Stelle stehen die Leitinstrumente, die von enormer strategischer Wichtigkeit sind und die Kommunikation des Unternehmens und deren Marken kontinuierlich begleitet. Die Aufgabe der Leitinstrumente ist das Steuern der anderen Instrumente. Die Kristallisationsinstrumente folgen an zweiter Stelle. Diese richten sich vor allem an die Zielgruppen Kunde, Handel und Öffentlichkeit. In der Regel sind es Sponsoring, Messen oder Event-Marketing. Als drittes Element folgen die Integrationsinstrumente. Diese werden ohne Einfluss auf andere bestehende Kommunikationsinstrumente genutzt. Sie sind autark und beeinflussen weder andere Instrumente noch werden sie selbst beeinflusst. Es sind vielmehr kurzfristige Aktionen wie Events, temporäres Sponsoring und Messen, deren Erfolg aber abhängig von dem Zusammenspiel mit anderen Aktionen ist. An letzter Stelle stehen die Folgeinstrumente. Diese werden unter Berücksichtigung der anderen Instrumente gezielt eingesetzt, um die vorgelagerten

---

[4] Vgl. Weis, H.-C. (2009), S. 445.
[5] Vgl. Olbricht, R. (2006), S. 22.
[6] Vgl. Steffenhagen, H. (2008), S. 132.
[7] Vgl. Steffenhagen, H. (2008), S. 132.
[8] Vgl. Aerni, M. und Bruhn, M. (2008), S. 91f.

Entscheidungen mit einzubeziehen. Angewendet werden diese bei Werbekampagnen in jeglicher Form.[9]

Eine andere Gliederung der Kommunikationsinstrumente nimmt Hans Christian
Weis vor. Er unterteilt diese in „above the line" und „below the line". Unter „above
the line" sind die klassischen Instrumente wie Werbung und Public Relationship zu
finden. „Below the line" beinhaltet dagegen Verkaufsförderung, Dialog-Werbung,
Sponsoring, Events, Internet und Product-Placement.[10]

2.3. Definition der jungen Zielgruppe

In der Fernsehwelt wird der jungen Zielgruppe große Aufmerksamkeit zugeteilt. Die
erste Erwähnung war in den Achtzigerjahren durch den ehemaligen RTL-
Geschäftsführer Helmut Thoma. Er sprach von der „werberelevanten Zielgruppe",
unter der er die 14- bis 49-Jährigen einstufte. Da sein Sender damals noch nicht so
reichweitenstark war, aber in dieser Zielgruppe besser dastand als die öffentlich-
rechtlichen Sender, forcierte er die Integration dieses Begriffes in die Medienland-
schaft, obwohl er selbst mit damals 70 Jahren nicht dazugehörte. Diese Zielgruppe
wird auch als Standard für die Werbekosten genutzt. Dort wird der Tausend-
Kontakte-Preis für diese ausgeschrieben. Die Zuschauer jenseits dieser Gruppe
gibt es für die Unternehmen kostenlos dazu.[11]

Die Festlegung der „werberelevanten" Zielgruppe beruht auf keinen statistischen
oder gesicherten Werten, sondern ist ein Vermarktungstrick von RTL. Dieser ist
zum Standard der Werbetreibenden geworden.[12]

Aber warum wurde diese Zielgruppe angenommen? In der Zeit, als diese Zielgruppe entstanden ist, waren in ihr sehr wichtige Personengruppen enthalten, wie die
„68er", die „Babyboomer", die Familien, „Yuppies" und „DINKS" (double income no
kids).[13] Diese Gruppen waren dem Konsum gegenüber positiv eingestellt. Aktuell
hat sich die Ausgangslage aber verschoben. Die Babyboomer sind Best Ager geworden und die Anzahl der „werberelevanten" Zielgruppe wird um fünf Millionen bis
ins Jahr 2020 zurückgehen.[14]

[9] Vgl. Aerni, M. und Bruhn, M. (2008), S. 91f.
[10] Vgl. Weis, H.-C. (2009), S. 446.
[11] Vgl. Bscheid, W. (2009), S. 51.
[12] Vgl. Bäumer, J., Gebhard, D., Hann, S. (2009), S. 172.
[13] Vgl. Happe, G. (2010), S. 149.
[14] Vgl. Happe, G. (2010), S. 149.

Dass sich die Einstellung in dieser Hinsicht ändert, sieht man an den aktuellen Werbebeispielen. Günther Jauch machte Reklame für Gelenkverschleißkapseln und Oliver Kahn wirbt für Kapitalanlagen für Pensionen. Zudem gibt es vermehrt Werbung für Arzneimittel, Apotheken und andere Werbespots, die auf ältere Personen zugeschnitten sind.[15] Im Social-Media-Marketing ist die junge Zielgruppe von hoher Relevanz, da von Ihnen weit über 80% im Internet vertreten sind. Das sieht bei den Altersgruppen außerhalb der „werberelevanten Zielgruppe" anders aus. Dort sind die Zahlen erheblich geringer. So nutzen nicht einmal 25% der über 65-Jährigen das Internet.[16]

3. Erklärung der bekanntesten Plattformen im Social Media

In diesem Kapitel werden die größten Social-Media-Plattformen erklärt, die sich mit der Thematik Social-Media-Marketing beschäftigen. Auf die Community Google+ wird an dieser Stelle nicht eingegangen, da sie aktuell keine speziellen Seiten für Unternehmen anbietet. Diese soll sich in naher Zukunft jedoch ändern.

3.1. Facebook

Facebook ist das größte soziale Netzwerk der Welt mit mehr als 800 Millionen aktiven Nutzern.[17] In Deutschland zählt die Facebook-Community aktuell über 22 Millionen Mitglieder.[18] Weitere Zahlen: Über 50% der Nutzer loggen sich täglich ein. Im Schnitt hat jeder Facebook-Anwender 130 Freunde. Die Plattform gibt es in 70 Sprachen.[19] In der Grafik wird der rasante Aufstieg der Mitgliedszahlen in den letzten zwei Jahren in Deutschland deutlich.

---

[15] Vgl. Kormbaki, M., HAZ (2011), o.S.

[16] Vgl. Statista (2011a), o.S.

[17] Vgl. Facebook (2011a), o.S.

[18] Vgl. Allfacebook.de (2011), o.S.

[19] Vgl. Facebook (2011a), o.S.

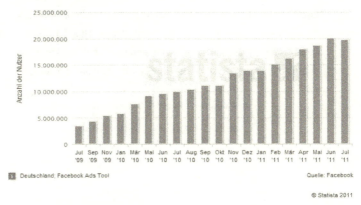

Anzahl der aktiven Nutzer von Facebook in Deutschland von
Juli 2009 bis Juli 2011

Abbildung 1: Anstieg der deutschen Facebook-Nutzer in Deutschland[20]

Aktuell rangiert Facebook sogar bei den Seitenaufrufen auf Platz eins, noch vor
Google. Facebook ist ein soziales Netzwerk, welches viele verschiedene Funktionen wie Chat, Video-Chat, SMS und Email integriert hat. Es können sowohl private
Personen als auch Firmen Profile erstellen und so mit Freunden beziehungsweise
Fans in der ganzen Welt kommunizieren. Zudem bietet Facebook Möglichkeiten,
wie Bloggen oder Microbloggen über die Statusmeldungen an. Es können Lesezeichen verwaltet und sogar Business-Kontakte über die Jobangabe im Profil geknüpft
werden.[21]

Für Unternehmen bieten sich vielseitige Statistiken auf der Plattform. Es gibt Auswertungen über die Anzahl der Fans, die Altersstruktur, die Länder und Städte, aus
denen sie kommen, das Geschlecht, und ob es neue oder widerkehrende Nutzer
sind. Zusätzlich gibt es ein Ranking über die Anzahl der Besucher der Seite pro
Tag und welcher Beitrag am häufigsten gelesen wurde. Die Statistiken lassen sich
zudem per Email zusenden und auswerten.

---

[20] Statista (2011b), o.S.
[21] Vgl. Heymann-Reder, D. (2011), S.109f.

3.2. Twitter

Den Dienst Twitter gibt es seit 2004. Es ist eine Microblogging-Plattform über den Nutzer kurze Beiträge senden können. Twitter zählte im Juli 2011 rund 300 Millionen Mitglieder weltweit.[22] In Deutschland lag der Stand im September bei 550.000 aktiven Nutzern. Diese twittern mindestens einmal im Monat eine Nachricht.[23] Die Twitterzahlen sind gerade in den letzten Monaten stetig gestiegen.

Aktive deutschsprachige Twitternutzende seit Juni 2009

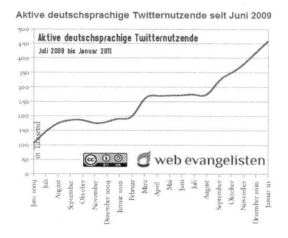

Abbildung 2: Aktive deutschsprachige Twitter-Nutzer[24]

Bekannt wurde Twitter in den Jahren 2008 und 2009 als viele Prominente, darunter US-Präsident Barack Obama, den Dienst für sich entdeckten. Über Twitter können Nutzer sogenannte Tweets, das ist eine maximal 140 Zeichen lange Nachricht ähnlich der SMS, an ihre Follower schicken. Follower sind Nutzer, die gerne die Informationen einer Person beziehen und sich deshalb als dessen Follower angemeldet haben, um seine Nachrichten zu empfangen.[25]

Unternehmen können Twitter auf vielfältige Arten verwenden: So können die Follower über neue Produkte informiert werden. Viele Firmen nutzen Twitter auch für den Kundendienst, für Gewinnspiele oder als Kommunikationsplattform für neue Ideen. Dabei wird auf die Kraft des viralen Marketings gesetzt, durch die sich Nach-

---

[22] Vgl. Taylor, C., CNNTech (2011), o.S.
[23] Vgl. Pfeiffer, T., Web evangelisten (2011a), o.S.
[24] Pfeiffer, T., Web evangelisten (2011b), o.S.
[25] Vgl. Heymann-Reder, D. (2011), S. 127.

richten mit interessantem Content innerhalb von Minuten im Netz verbreiten und viele weitere Nutzer erreichen.[26]

3.3. MySpace

MySpace gilt als eine der ersten Social-Media-Plattformen. Angefangen hat MySpace als Portal für Musiker, die hier ihre Songs vorstellen konnten. Über die Jahre wuchs die Seite immer weiter an und zählt aktuell rund 100 Millionen Mitglieder.[27]

Ein großer Vorteil von MySpace für den Benutzer ist die Möglichkeit, seine Profilseite zu personalisieren. So kann der User aus vielen Hintergrunddesigns wählen. Es steht ihm frei, Dateien wie Musik oder Videos auf seine Profilseite zu laden, die von Besuchern der Seite angehört, beziehungsweise angesehen werden können.[28] Die Vielfalt von Angaben, die ein Benutzer machen kann, ist weitaus größer als bei anderen Plattformen. So fragt MySpace nach so ungewöhnlichen Themen wie Rauch- und Trinkgewohnheiten, Anzahl der Kinder und nach dem Haushaltseinkommen. Des Weiteren kann der User eine Kurzbiografie hinterlassen und Angaben zu Schulen, Universitäten und Arbeitgeber machen.[29]

MySpace bietet keine Möglichkeit der Fremdverknüpfung. So müssen Unternehmen unter anderem mit dem Design ihrer Seite überzeugen und so neue „Freunde" gewinnen. Dieses ist bei MySpace nicht sehr einfach, da sich dort viele Menschen aus Webdesign und Multimedia tummeln, die sich gegenseitig im Darstellen der Profilseite überbieten.

3.4. VZ-Netzwerke

Unter dem VZ-Netzwerk werden die drei Communities StudiVZ, SchülerVZ und FreundeVZ (früher MeinVZ) verstanden. Aktuell zählen die VZ-Netzwerke, die 2005 gegründet und 2007 von der Verlagsgruppe Georg von Holtzbrinck aufgekauft worden sind, 16,2 Millionen Mitglieder. Von denen sind aktuell, laut der Arbeitsgemeinschaft für Online-Forschung (AGOF), nur noch 9,8 Millionen User mindestens einmal im Monat aktiv. Dass die Zahlen bei den VZ-Communities in den letzten Jahren

[26] Vgl. Weinberg, T. (2010), S. 142f.
[27] Vgl. Spiegel (2011), o.S.
[28] Vgl. Weinberg, T. (2010), S.180.
[29] Vgl. Weinberg, T. (2010), S.181.

rückläufig sind, belegt die Studie der Informationsgemeinschaft zur Feststellung der Verbreitung von Werbeträgern e.V. (IVW). Nach dieser Studie waren es im August 2010 noch 408 Millionen Besuche und 11,6 Milliarden Seitenaufrufe. Ein Jahr später nur noch 129 Millionen Besuche und 2,3 Millionen Seitenaufrufe.[30] Die Verzeichnisse sind gut für Firmen, welche die Zielgruppe der Studenten und Schüler ansprechen wollen.[31] Das Problem ist, dass nicht genau gesehen werden kann, wie viele Nutzer noch aktiv sind, da es eine hohe Überlaufquote zu Facebook gibt.

3.5. Xing

Als OpenBC (Open-Business-Club) startete 2003 die Plattform Xing. [32] Xing ist eine Community, die zum Austausch unter Business-Kontakten dient.[33] Aktuell zählt das Portal 12 Millionen Mitglieder in 16 Ländern und ist somit eine der größten Communities weltweit.[34]

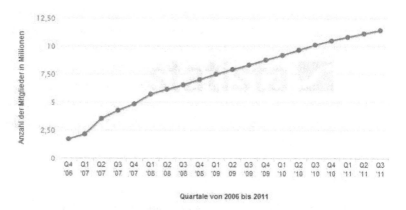

Abbildung 3: Entwicklung der weltweiten Mitgliederzahl bei XING[35]

In Deutschland zählt Xing dreieinhalb Millionen Mitglieder, die hauptsächlich aus beruflichen Gründen die Plattform aufsuchen. Somit ist es für jedes Unternehmen

[30] Vgl. Haupt, J., Heise (2011), o.S.
[31] Vgl. Heymann-Reder, D. (2011), S. 125.
[32] Vgl. Weinberg, T. (2010), S.183.
[33] Vgl. Heymann-Reder, D. (2011), S.184.
[34] Vgl. Statista (2011c), o.S.
[35] Statista (2011c), o.S.

von enormer Wichtigkeit, sich hier positiv zu präsentieren, um nicht nur neue Arbeitskräfte, sondern auch zukünftige Geschäftspartner anzusprechen. 80% der deutschen Führungskräfte haben ein Xing-Profil. Auch wenn das Portal nicht von allen Mitgliedern täglich aktiv genutzt wird, lassen sich aus diesen Profilen vielleicht nützliche Informationen wie aktuelles Unternehmen, Ausbildung, Weiterbildung ziehen.[36]

Es können viele Angaben zu dem eigenen Unternehmen gemacht werden, damit es für Kunden transparenter wird. Zudem lassen sich Foren integrieren, in denen sich rege über Produkte, Dienstleistungen oder einfach nur über Neuigkeiten diskutieren lässt. Über die Besucheransicht kann ein Unternehmen sehen, welche Art von Menschen das Firmenprofil besuchen und anschauen. So lassen sich Rückschlüsse auf eventuelle Kampagnen oder Interessensgruppen schließen.[37]

Xing ist seit dem Jahr 2006 an der Börse notiert und schafft es als eines der wenigen Internetunternehmen, Gewinne einzufahren.[38]

3.6. LinkedIn

LinkedIn ist das amerikanische Pendant zu Xing. Es wurde im Jahre 2003 in Kalifornien gegründet. Im November 2011 zählte LinkedIn 135 Millionen Mitglieder aus 200 Ländern der Welt und ist somit die größte Business-Community der Welt.[39] Aus dem deutschsprachigen Raum stammen zwei Millionen User.[40]

Diese Plattform ist sehr interessant für Unternehmen, die global tätig sind, da sich hier Benutzer aus aller Welt finden lassen. Für den deutschen Raum kommt LinkedIn noch nicht an den Status von Xing heran. Ein weiteres Problem ist, dass LinkedIn erst seit 2009 langsam auf die deutsche Sprache umgestellt wird. Aktuell sind noch nicht alle Inhalte auf Deutsch verfügbar, so zum Beispiel die Links für Werbung und die Lösungen zur Personalbeschaffung.[41]

---

[36] Vgl. Heymann-Reder, D. (2011), S.184.
[37] Vgl. Weinberg, T. (2010), S.183.
[38] Vgl. Weinberg, T. (2010), S.183.
[39] Vgl. LinkedIn Press Center (2011), o.S.
[40] Vgl. LinkedIn Press Center (2011), o.S.
[41] Vgl. Heymann-Reder, D. (2011), S. 192.

3.7. Youtube

Das Unternehmen Youtube wurde im Jahre 2005 von Ex-Mitarbeitern des Online-Zahlungsservices PayPal in den USA gegründet und 2006 an Google verkauft.[42] Youtube ist das größte Videoportal der Welt mit drei Milliarden Videoabrufen pro Tag.[43] Ein paar weitere Fakten über Youtube: Pro Minute werden 48 Stunden Videomaterial hochgeladen. 800 Millionen einzelne Nutzer sehen sich jeden Monat mindestens ein Video an.[44]

Youtube steht neben Facebook und Google an dritter Stelle der bestbesuchten deutschen Webseiten. Firmen können sich auf Youtube sogenannte Kanäle einrichten. Das sind Seiten, die sie selbst gestalten können (Design und Aufmachung). Für den Content ist das Unternehmen dann ebenfalls selbst verantwortlich. Es können Produkt-Werbefilme eingestellt werden, aber auch Videos über das Unternehmen, die Firmenkultur, die Mitarbeiter oder soziale Projekte. Der Vielfalt ist dabei keine Grenze gesetzt. [45]

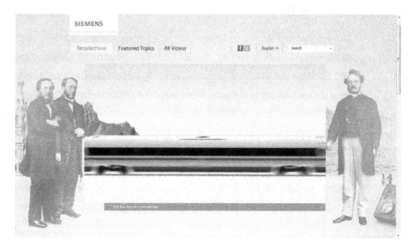

Abbildung 4: Screenshot des Youtube-Kanals der Firma Siemens[46]

---

[42] Vgl. Heymann-Reder, D. (2011), S. 196.

[43] Vgl. Youtube (2011a), o.S.

[44] Vgl. Youtube (2011a), o.S.

[45] Vgl. Heymann-Reder, D. (2011), S. 196.

[46] Youtube (2011b), o.S.

13

Im oberen Beispielbild des Siemens-Kanals wird deutlich, dass das Design nichts mit dem Youtube-Standard-Design zu tun hat. Siemens wählte einen eigenen Hintergrund. Zudem konnten Verbindungen zu anderen Social-Media-Seiten wie Twitter und Facebook mit eingebunden werden. Unter dem Video sind weitere Kurzfilme eingebunden, die Informationen zum Unternehmen liefern. Die Seite gibt es in zwei Sprachen (Deutsch und Englisch). Kommentare zu den Videos können ebenfalls hinterlassen werden.

3.8. Flickr

Flickr ist die größte Fotoplattform der Welt. Das aber nur, wenn Flickr mit anderen Fotoplattformen verglichen wird. Denn bei Facebook finden sich derzeit mehr Bilder.[47] Flickr wurde 2004 in Kanada entwickelt und 2005 von Yahoo übernommen. Aktuell hat Flickr 51 Millionen einzelne Nutzer.[48]

Flickr ist eine Plattform, die sich an Privatpersonen und Unternehmen wendet, die die sich im Netz präsentieren wollen. Dadurch ist sie natürlich interessant für Firmen aus der Werbe- oder Fotobranche. Aber auch Mode-, Reise- oder Automobilfirmen können dieses Portal nutzen. Der Vorteil bei Flickr ist die tolle Verknüpfung zu anderen Social-Media-Plattformen und die Qualität der Bilder, die hochgeladen werden können. Ein Foto kann die Maximalgröße von 20 MB besitzen. Zudem dürfen kleine Videos bis zu einer Länge von 90 Sekunden hochgeladen werden.[49]

---

47 Vgl. Heymann-Reder, D. (2011), S. 209.
48 Vgl. Yahoo Advertising Solution (2011), o.S.
49 Vgl. Heymann-Reder, D. (2011), S. 211.

14

Abbildung 5: Screenshot der Flickr-Seite der Deutschen Bank[50]

Am Beispiel der Deutschen Bank kann eine mögliche Aufmachung der Flickr-Seiten für Unternehmen gesehen werden. Auf der rechten Seite finden sich Kurzinformationen über Name, Startpunkt der Seite, Firmensitz und Branche. Unter dem Titel befindet sich eine Beschreibung in englischer und deutscher Sprache. Darunter kommen die eigenen Bilder, die Fotos anderer Flickr-Mitglieder zu dem Unternehmen, die Kontakte zu anderen Flickr-Seiten und darunter Gruppen, die sich mit dem Thema beschäftigen.

4. Das Kommunikationsinstrument Social-Media-Marketing

Social-Media-Marketing ist als neues zusätzliches Kommunikationswerkzeug zu sehen. Es vereint und unterstützt viele andere Kommunikationsmittel wie PR, Sponsoring, Events, Messen, klassische Werbung oder Direkt-Marketing. Es ist ein weiterer Baustein im Marketing-Mix.

4.1. Vorstellung der Maßnahmen innerhalb des Social-Media-Kommunikationsinstrumentes

Dieser Abschnitt bietet einen Überblick über die Maßnahmen des Social-Media-Kommunikationsinstrumentes. Zudem werden diese erklärt und auf ihre Funktions-

---

[50] Flickr (2011), o.S.

weisen eingegangen. Dabei soll die Vielfalt der Möglichkeiten aufgezeigt werden, die ein Unternehmen hat, um den Kunden zu erreichen und die zum Erfüllen der Ziele genutzt werden können.

4.1.1. Soziale Netzwerke

In sozialen Netzwerken treffen sich Menschen aus aller Welt, um zu kommunizieren. Sie verbinden sich zu Freunden oder innerhalb von Gruppen. Unternehmen können die Netzwerke nutzen, um diese Kreise anzusprechen. So lassen sich in Facebook Produktseiten generieren oder in MySpace komplette Seiten mit eigenem Design kreieren. Die Community nutzt diese Pages, um ihren Freunden zu zeigen, welche Produkte sie mögen. So hat die Firma Coca Cola rund 20 Millionen Fans.[51]

In sozialen Netzwerken erstellen die Nutzer Profile, in denen sie Informationen wie Geschlecht, Alter, Wohnort, Geburtstag, Arbeitgeber, Schule, Universität, Hobbies und Angaben zu Lieblingsfilmen, Lieblingsbüchern, politischer Richtung, Religion oder sonstigen Themen angeben können. Diese Daten können von Unternehmen abgefragt und genutzt werden. So lässt sich Werbung auf Facebook und MySpace zielgerichtet schalten. Dabei werden die Angaben aus dem Profil genutzt. Ein Unternehmen hat so zum Beispiel die Möglichkeit nur Menschen, die männlich, zwischen 25 und 39 Jahren, in Hessen wohnen und Eintracht Frankfurt mögen, anzusprechen. Der Vielzahl der Variationen ist dabei keine Grenze gesetzt.[52]

Die Firmenseiten in sozialen Netzwerken können sehr unterschiedlich sein. Bei MySpace kann das Layout der Seite dem Corporate Identity angepasst werden. Blogs, Videos und Bilder können dabei integriert werden. Bei Facebook ist das Design vorgegeben. Auch die Leisten oben und an der linken Seite sind nicht veränderbar. Für den Inhalt ist die Firma selbst verantwortlich. So können Produktproben, Gewinnspiele oder Produktbilder angeboten werden. Diese Möglichkeiten offerieren die Seiten stets erst nach dem Drücken des „Gefällt-mir"-Buttons. Denn ein Fan hat nach Betätigung dieses Buttons, laut der Studie „The Value of a Facebook Fan: An Emperical Review" von Syncapse, einen durchschnittlichen Wert von 136,38 US-Dollar. Dies wird mit den Ausgaben von 71,84 US-Dollar begründet, die ein Fan gegenüber einem Nicht-Fan mehr für dieses Produkt im Jahr ausgibt. Zu-

---

[51] Vgl. Facebook (2011b), o.S.
[52] Vgl. Weinberg, T. (2010), S. 168ff.

dem sind Fans zu 28% Wiederkäufer der Produkte und empfehlen die Seite zu 41% öfter an ihre Freunde weiter.[53]

4.1.2. Blog / Microblogging

Unter einem Blog wird ein Webtagebuch verstanden. Es leitet sich aus dem letzten Buchstaben des Begriffs „Web" und den ersten drei Buchstaben des Begriffs „Logbook" ab. Wie viele Blogs es gibt ist nicht bekannt. In dem Blogverzeichnis Technorati finden sich 1,25 Millionen Blogs weltweit. Darunter sind aber viele Blogs, die nach kurzer Zeit des Betriebes wieder eingestellt wurden. Trotzdem gibt es viele Blogs, die es schaffen, mit guten Inhalten und Informationen Diskussionen zu erzeugen. Die Schreiber dieser Blogs, die sogenannten Blogger, sind die Journalisten der heutigen Zeit. Denn oftmals ist es einem Unternehmen wichtiger, einen Artikel über ein Produkt in einem Blog wiederzufinden, als in einer Zeitschrift.[54]

Blogs eignen sich optimal für den Kundendienst eines Unternehmens. In ihnen können Probleme oder Hinweise zu Produkten einer breiten Masse zugänglich gemacht werden. Somit ist es eine gute Ergänzung zum Telefonsupport, da dort oftmals verschiedenen Kunden die gleiche Information vermittelt wird. In einem Blog sehen es gleich mehrere Nutzer. Des Weiteren haben gerade Selbständige durch Blogs die Möglichkeit, ihren Namen bekannter zu machen. Sie können durch regelmäßige, fundierte Beiträge schnell einen Namen machen oder sogar zu einem Vorreiter ihrer Branche werden.[55]

Eine besondere Art des Bloggens ist das Microblogging. Darunter wird das Senden von kurzen Nachrichten verstanden. Der wichtigste Anbieter ist Twitter. Viele Unternehmen haben Twitter für sich entdeckt, um schnell und kurz auf Fragen von Kunden einzugehen. Twitter bietet die Möglichkeit, von jedem Gerät auf den Account zuzugreifen und auf Anfragen zu antworten. Viele Unternehmen werteten dank Twitter ihr Image auf, da sie Probleme umgehend lösen konnten.[56]

---

[53] Vgl. BusinessOn (2011), o.S.
[54] Vgl. Heymann-Reder, D. (2011), S.167.
[55] Vgl. Heymann-Reder, D. (2011), S.167.
[56] Vgl. Weinberg, T. (2010), S142f.

4.1.3. Business-Netzwerk

Im sozialen Netzwerk gibt es zwei große Business-Plattformen. Diese sind Xing und LinkedIn. Dass die beiden Portale keine reinen Recruiting-Funktionen verfolgen, wird bei der Anzahl der Möglichkeiten deutlich, welche diese Plattformen bieten. Ein Unternehmen kann hier ebenfalls eine eigene Profilseite anlegen und mit Informationen versehen. Die Mitarbeiter haben die Chance sich mit diesen zu verbinden. Des Weiteren stehen Fachforen, Gruppen und Events zur Verfügung, die jeder Nutzer der Dienste in Anspruch nehmen kann. Zudem lassen sich Kontakte zu anderen Unternehmern und Angestellten in der Branche knüpfen. Die Kommunikation kann auf mehreren Kanälen laufen wie etwa B2B oder B2C. Somit bieten die Business-Netzwerke eine Vielzahl von Funktionen aus der Social-Media-Welt.[57]

In Business-Netzwerken stellen die Nutzer neben Namen und Bild auch ihren Lebenslauf, Referenzen, Kontaktadressen und Informationen über den Status ihrer Jobsuche ein. Die Profile von Xing und LinkedIn sind suchmaschinenoptimiert und lassen sich beispielsweise auf Google leicht finden.[58] So kann jedes Unternehmen schnell passende Personen finden, die zu einer offenen Stelle passen und diese direkt anschreiben. Dadurch lassen sich die Kosten für einen Headhunter sparen und die Kommunikation kann direkt beginnen. [59]

4.1.4. Verbraucherportale und Foren

Für die Kommunikation mit dem Kunden sind Foren und Verbraucherportale von enormer Wichtigkeit. Hier findet der Endkunde Informationen über Produkte und Dienstleistungen und tauscht sich mit anderen über diese aus. Unternehmen können in diesen Portalen sehen, was die Kunden interessiert oder stört und darauf reagieren. Während Verbraucherportale in erster Linie von Endkunden genutzt werden, stehen Foren ebenfalls für B2B-Beziehungen zur Verfügung. Sowohl Foren als auch Verbraucherportale zeichnen sich dadurch aus, dass sie moderiert werden. Das heißt, dass Beiträge, welche nicht die Anforderungen der Foren- oder Portalregel einhalten, gelöscht werden. Deshalb sollten sich die Marketingexperten

---

[57] Vgl. Heymann-Reder, D. (2011), S. 183.
[58] Vgl. Schüller, A., Schwarz, T. (2010), S. 362.
[59] Vgl. Weinberg, T. (2010), S. 184.

eines Unternehmens vorher genau in die jeweiligen Regeln der Portale und Foren einlesen.[60]

Verbraucherportale sind Konzepte, in denen Community und Kommerz ganz nah aneinander liegen. Sie zeichnen sich dadurch aus, dass der Kunde konsumieren, aber auch Bewertungen zu Produkten abgeben kann. Beispiele für Verbraucherportale sind Amazon, Ebay, Ciao und Qype, wobei die ersten beiden eher als Einkaufsseiten und die zwei weiteren Portale als Bewertungsportale gesehen werden. Dabei funktionieren alle vier nach demselben Muster.[61]

Foren sind Internetseiten, auf denen Benutzer über ein oder mehrere Themen diskutieren können. Dabei gibt eine Person ein Thema vor und alle anderen schreiben ihre Meinung zu der Thematik. Es gibt aktuell Foren zu fast jedem Produkt, jeder Dienstleistung oder jede Branche. Hier finden sich schnell Kritiken, Vergleiche oder Hinweise für ein Unternehmen.[62]

4.1.5. Foto- und Videoportale

Im Social-Media-Bereich regiert oft das geschriebene Wort. Viele Leute lesen sehr gerne und viel. Aber es gibt auch einen wachsenden Anteil von Nutzern, die auf visuelle und auditive Ansprachen anspringen. Die Communities der Video- und Fotoportale wächst dabei stetig. Mit einem Video können Emotionen leichter transportiert und mit einem Foto ganze Geschichten erzählt werden. Unternehmen nutzen oftmals das Zusammenspiel zwischen Foto- beziehungsweise Videoportalen und sozialen Netzwerken.[63]

Bei dem Begriff Videoportalen geht es in erster Linie um Youtube. Es gibt natürlich noch weitere wie MyVideo aber diese haben einen niedrigeren Stellenwert. Auf Videoportale können Unternehmen kostenlos Filme und Videos in sogenannten Kanälen zur Verfügung stellen. Dabei kann das Design angepasst werden.[64]

Auf Fotoportalen wie Flickr und Picasa können geübte Fotografen schnell großen Einfluss generieren. Denn diese Fotoportale funktionieren wie soziale Netzwerke. Es kann kommentiert, bewertet und markiert werden. Mit eigenen Seiten auf den

---

[60] Vgl. Heymann-Reder, D. (2011), S. 145.

[61] Vgl. Heymann-Reder, D. (2011), S. 145.

[62] Vgl. Heymann-Reder, D. (2011), S. 145.

[63] Vgl. Weinberg, T. (2010), S. 297.

[64] Vgl. Heymann-Reder, D. (2011), S. 196.

Portalen können Unternehmen schnell zu Pionieren auf diesen Pages avancieren und dadurch Mehrwert erzeugen.[65]

4.1.6. Social Bookmarking

Social-Bookmarking-Seiten sind Webportale, auf denen Nutzer ihre eigenen Lieblingsseiten ablegen können. Früher wurden diese unter Favoriten im Browser abgespeichert. Heute können mit Hilfe dieser Portale die favorisierten Seiten, nicht nur in jedem Browser auf jedem PC oder mobilen Gerät abgerufen werden, sondern der Nutzer kann innerhalb der Community diese mit Freunden teilen. Dadurch können Seiten sehr schnell neue Fans finden, wenn sie durch virales Marketing untereinander vorgeschlagen werden.[66]

Der große Vorteil der Social-Bookmarking-Portale ist die Vielzahl von Funktionen. Der Nutzer bestimmt, welche Lesezeichen für die Community und welche privat interessant sind, er kann sie für bestimmte Gruppen freigeben oder einfach nur für sich selbst verwalten. Der besondere Vorteil dabei: die Daten gehen bei einem Festplattendefekt nicht mehr verloren. Zudem können so viele neue Webseiten entdeckt werden, die andere Nutzer teilen. Beispiele für diese Portale sind Mr. Wong, Delicious oder StumpleUpon.[67]

Unternehmen können auf diesen Seiten ihr Lesezeichen bearbeiten und mit anderen Lesezeichen verknüpfen. Die Firma Siemens mit der Webseite www.siemens.de etwa findet sich bei vielen Nutzern. Jetzt kann dieses Lesezeichen verbessert werden. Es können Informationen und weiterführende Links eingebettet werden wie zum Beispiel zu Siemens-Hausgeräten www.siemenshome.de. Wenn ein Nutzer jetzt das Lesezeichen anschaut, sieht er die Informationen und zusätzlichen Verknüpfungen.

4.2. Besonderheiten des Social-Media-Marketing-Kommunikationsinstrumentes im Vergleich zu anderen Kommunikationsinstrumenten

Das Social-Media-Marketing ist als Ergänzung zu den bestehenden klassischen Kommunikationsinstrumenten zu verstehen. Es kann parallel zu den entworfenen

---

[65] Vgl. Weinberg, T. (2010), S. 297.
[66] Vgl. Heymann-Reder, D. (2011), S. 227.
[67] Vgl. Weinberg, T. (2010), 223f.

Kampagnen gestartet werden und unterstützend wirken. Wie auch die klassischen Kommunikationsinstrumente hat Social-Media-Marketing das Ziel, eine Beziehung zwischen Kunde und Unternehmen aufzubauen und zu festigen.[68]
Als eine Besonderheit zählt, dass dieses Instrument nur im Internet zu finden ist. Social-Media findet nur dort statt. Aber durch die mobilen Geräte, die im heutigen Alltag Einzug gehalten haben, ist dies nicht mehr auf den Schreibtisch begrenzt. Somit findet sich Social-Media-Marketing dennoch an jedem Ort: Mit dem Laptop auf dem Sofa, dem Tablet im Bett, dem Smartphone in Bus und Bahn oder dem Desktop-PC am Arbeitsplatz.

Ein Unterschied ist der, dass ein Unternehmen in ganz besonderem Maße von dem Marketing im Social Media partizipieren kann. Durch die Interaktion mit den Kunden werden Informationen gesammelt, die für verschiedene Zwecke nützlich sein können. Dazu zählen Hinweise über Produkte, das Ansehen des Unternehmens in der Öffentlichkeit oder Bewertungen des Services.[69]

Auch werden Informationen gesammelt, die vorher nur teuer von Anbietern gekauft werden konnten. So mussten in der Vergangenheit Unternehmen hohe Summen ausgeben, um Email-Adressen von für sie interessanten Personengruppen zu erhalten. Im Social Media sind diese Informationen, sofern sie von einem User bereitgestellt werden, kostenlos. Dadurch können verschiedene Kundengruppen eingeteilt und diese differenziert zur Ansprache eingesetzt werden.[70]

Dies steht im Gegensatz zu den meisten anderen Instrumenten wie Außenwerbung, Direktwerbung, Newsletter, Point-of-Sale-Werbung, Messewerbung, bei denen die einseitige Kommunikation von Unternehmen zum Kunden im Vordergrund steht.[71]

---

[68] Vgl. Tuten, T. (2008), S. 2.
[69] Vgl. Evans, D. (2008), S.33.
[70] Vgl. Singh, S. (2010), S. 17.
[71] Vgl. Singh, S. (2010), S. 16.

5. Die Ziele der Social-Media-Kommunikation

In diesem Kapitel werden die Ziele der Unternehmen in Bezug auf Social-Media-Aktivitäten beleuchtet. Unternehmen können Social-Media-Kampagnen aus verschiedenen Zielsetzungen heraus planen. Die wichtigsten Zielsetzungen werden nachfolgend beschrieben. Zudem gibt es einen Einblick in die Thematik „Kommunikation mit der jungen Zielgruppe". Im Anschluss daran wird auf die Werkzeuge der Bewertung eingegangen.

5.1. Zielsetzung der Social-Media-Kampagnen

Für ein Unternehmen kann es viele verschiedene Ziele für Social-Media-Kampagnen geben. Dabei sind nicht alle unterschiedlich zu betrachten. Viele der Ziele bauen aufeinander auf oder resultieren aus anderen. Oftmals möchten Unternehmen möglichst viele Ziele mit einer Kampagne erreichen.

5.1.1. Reputationsmarketing

Ein gut ausgearbeitetes Konzept für den Auftritt im Social Media hilft dem Unternehmen, bekannter zu werden und kann das Image stärken. Zudem können Verknüpfungen zu neuen Kunden und Usern geknüpft werden, die Produkte in sozialen Netzwerken kommunizieren und so ohne das Zutun des Unternehmens zusätzliches Marketing betreiben. Die Wahrnehmung der Produkte wird ohne besonderes Zutun des Unternehmens weiter gesteigert.[72]

5.1.2. Recruiting

Im Social Media haben Unternehmen die Möglichkeit ebenfalls des Recruitings. Hier finden sich Mitarbeiter aus aller Welt. Gerade im Hinblick auf den Fachkräftemangel in Deutschland hilft dies besonders, da innerhalb des Landes der Wettkampf mit anderen Firmen auf anderen Plattformen sehr hoch ist.[73]
Ein großer Vorteil für Unternehmen ist dabei der genaue Blick auf die Bewerber. Über die Profile auf Xing, LinkedIn, der VZ-Netzwerke und Facebook finden sich

---

[72] Vgl. Heymann-Reder, D. (2011), S. 21.
[73] Vgl. Heymann-Reder, D. (2011), S. 21.

viele Hinweise auf Menschen wie Fähigkeiten, Freunde, Hobbies, aktuelle Unternehmen, Lebenslauf, Tätigkeit und viele andere, die sehr nützlich sein können. Es lassen sich oft auch Referenzen von anderen Arbeitgebern lesen wie auf Xing oder LinkedIn. Die Fachkraft kann von einem Unternehmen auf diesem Weg vor der Konkurrenz gefunden werden.

5.1.3. Kundenbindung

Viele Unternehmen stellen fest, dass sich über die Social-Media-Netzwerke eher Bestandskunden als Neukunden einer Marke binden lassen. Gerade in Hinblick auf Aktivitäten in Blogs, Communities oder Gruppen sind es ältere Kunden eines Produktes, die sich hier betätigen.[74]

Für ein Unternehmen bringt dies oft den Vorteil, dass über Aktionen auf den Social-Media-Seiten die Bestandskunden angesprochen und belohnt werden können. So können zum Beispiel Geschenke darüber verteilt werden, um besonders lange Treue zu belohnen.[75]

5.1.4. Virales Marketing

Nutzer von Social-Media-Netzwerken streuen mit den dortigen Kommunikationsmitteln Inhalte, welchen ihnen gefallen, an andere User. Diese wiederum kommunizieren darüber und empfehlen die Seiten ebenfalls an ihr Netzwerk weiter. Dadurch entsteht eine virale Verteilung von Content, die plattformübergreifend geschehen kann. So lassen sich Inhalte schnell an eine große Gruppe verbreiten.[76]

---

[74] Vgl. Heymann-Reder, D. (2011), S. 22.

[75] Vgl. Kilian, T., Langner, S. (2011), S. 136ff.

[76] Vgl. Weinberg, T. (2010), S.5.

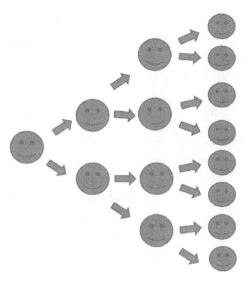

Abbildung 6: Virales Marketing[77]

5.1.5. Mundpropaganda

Dieser Punkt ist dem viralen Marketing sehr ähnlich. Bei Mundpropaganda geht es vermehrt um Produktbewertungen oder –empfehlungen. Viele Nutzer setzen vor dem Kauf eines Produktes auf Kritiken von anderen Nutzern in Communities.[78] Daher ist es hier als Unternehmen ratsam, die Kritiken auf den Plattformen zu lesen und gegebenenfalls zu kommentieren. Es können auch Gewinne für besondere Bewertungen ausgeschrieben werden. Je mehr Empfehlungen im Netz für ein Produkt zu finden sind, umso eher bietet es Anreize für User, diese Produkte zu kaufen.

5.1.6. Crowdsourcing

Unter dem Begriff Crowdsourcing wird die Zusammenarbeit zwischen Unternehmen und Nutzern einer Community gesehen, in der ein Produkt in gegenseitiger Mithilfe entwickelt wird.[79] Als Beispiel dient die Automobilbranche, die schon seit

---

[77] Eigene Darstellung in Anlehnung an Weinberg, T. (2010), S. 5.

[78] Vgl. Heymann-Reder, D. (2011), S. 22.

[79] Vgl. Heymann-Reder, D. (2011), S. 22.

Jahren mit ihrer Community zusammen Autos entwickelt und die gewünschten Extras mit in ein neues Automodell integriert. Somit kann einer völligen Fehlkonstruktion eines Produktes entgegengewirkt werden. Zudem stehen die Nutzer dem Produkt näher, da sie die Möglichkeit hatten, dieses mitzuentwickeln.

5.1.7. Innovation

„Social Media sind für sich schon ein Innovationsfaktor, weil sie die Kommunikation einfacher, schneller, moderner und persönlicher machen."[80]
Für ein Unternehmen sind die Social-Media-Plattformen Umgebungen, auf denen sich schnell Innovationen finden lassen. Tolle Ideen oder Neuigkeiten werden kommuniziert und oft als positiv markiert. Auf diese Empfehlungen sollte bei der Produktentwicklung eingegangen werden. Es könnte der Vorteil gegenüber den Konkurrenzprodukten sein.

5.1.8. Suchmaschinenoptimierung

Social-Media-Netzwerke können dem Unternehmen helfen, dass Links zu deren Webseiten schneller gefunden werden. Dabei sollte aber darauf geachtet werden, dass der Link nicht auf jeder Plattform vom Unternehmen inflationär gepostet wird, sondern dieser gezielt von Nutzern verbreitet wird. Das geschieht bei guten Inhalten von selbst und bringt dem Unternehmen die gewünschte Reputation im Netz und somit eine Verbesserung des Suchmaschinenrankings.[81]
Diese Linkbuilding-Strategien helfen dem Webmaster, da dieser nicht mehr Webverzeichnisse und Sponsorenseiten finden muss, um den Link kostenpflichtig zu platzieren. Die Suchmaschinen erkennen, welche Art von Links auf Social-Media-Plattformen geteilt werden. Außerdem ist klar, dass eine Vielzahl von Links auf die Unternehmensseite den Suchmaschinenrang verbessert.[82]

---

[80] Heymann-Reder, D. (2011), S. 22.
[81] Vgl. Crabs, A., Bannour, K.-P. (2012), S.31.
[82] Vgl. Weinberg, T. (2010), S. 32.

5.1.9. Krisenkommunikation

Durch genaues Beobachten und Erkennen von negativen Entwicklungen innerhalb der Plattformen können Unternehmen schnell reagieren. So lassen sich Konflikte schneller lösen und aufgebrachte Nutzer besänftigen.[83] Das Problem hierbei ist, dass sich Unmut in den Communities genauso schnell verbreiten kann wie positive Resonanz. Somit sollten also alle Unternehmensseiten im Social-Media-Netzwerk täglich - oder besser stündlich - überwacht werden, damit es keine negativen Überraschungen gibt.

Ein weiterer Punkt im Falle von negativer Publicity ist ein Zusammenspiel zwischen Reputationsmanagement und Krisenkommunikation. Denn wenn erst einmal kritische Artikel in Suchmaschinen weit oben zu finden sind, wird es schwer diese dort zu eliminieren. Eine Möglichkeit diesem entgegen zu wirken, ist ein positives Auftreten auf Social-Media-Plattformen. Diese werden, aufgrund des hohen Vertrauens, welches sie bei den Suchmaschinen genießen, immer sehr weit oben gelistet und können so negative Beiträge schnell auf die zweite Seite schieben.[84]

5.2. Kommunikation mit einer (jungen) Zielgruppe

Für Unternehmen ist es wichtig, Zielgruppen für ihre Produkte zu definieren. Dieses ist für die Abstimmung der Kommunikation von Relevanz. Zielgruppen unterscheiden sich durch Verhalten, Bedürfnisse oder durch situative Einflussfaktoren wie soziales Umfeld, Nutzungsverhalten der Medien, Konsumgewohnheiten und viele mehr. Um die richtige Zielgruppe anzusprechen, muss vorher der Markt in Zielgruppen eingeteilt werden. Diese Zielgruppen müssen differenziert, verglichen und ausgewertet werden. Ist dieses geschehen, wird die passende Zielgruppe ausgewählt.[85]

Je besser der Markt analysiert und segmentiert wird, desto besser kann sich auf die Zielgruppe eingerichtet werden.[86]

Im Hinblick auf Social-Media-Marketing stellt sich zudem folgende Frage: Ist meine Zielgruppe überhaupt im Internet aktiv?[87] Wird als Kriterium die Altersstruktur be-

---

[83] Vgl. Heymann-Reder, D. (2011), S. 22.
[84] Vgl. Weinberg, T. (2010), S. 33.
[85] Vgl. Schüller, A., Schwarz, T. (2010), S.120f.
[86] Vgl. Heymann-Reder, D. (2011), S. 87.
[87] Vgl. Schüller, A., Schwarz, T. (2010), S.121.

trachtet, wird schnell erkannt, dass aktuell nicht alle Altersgruppen in Deutschland gleichmäßig online sind. Wie die nachfolgende Grafik von der Bitkom (Bundesverband Informationswirtschaft, Telekommunikation und neue Medien e.V.) zeigt, haben zwar 95% der 14 bis 29 Jahre alten Personen Internet, aber bei Menschen im Alter ab 65 Jahren sind es gerade einmal 24%.

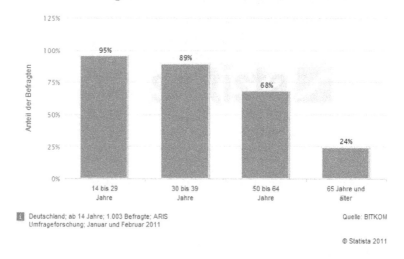

Abbildung 7: Internet-Nutzung in Deutschland im Jahr 2011 nach Alter[88]

Hält sich die Zielgruppe vermehrt im Internet auf, stellen sich weitere Fragen, wie „Auf welchen Plattformen im Social Media ist die Gruppe aktiv?", „Wann und wie lange sind sie auf diesen Plattformen?", „In welchem Grad interagiert die Zielgruppe dort?" Wenn ein Unternehmen seine Marke in den Communities an die Zielgruppe bringen möchte, ist es zudem wichtig zu wissen, wo über die Marken kommuniziert wird und ob es spezifische Fanseiten oder Foren über diese gibt. Ziel ist es, so die richtige Zielgruppe zu finden. Unterstützung zu dieser Thematik findet sich auf den Webseiten von Allersbach Werbeforschung, Statista.com und ZAW (Zentralverband der deutschen Werbewirtschaft e.V.)[89]

---

[88] Statista (2011a), o.S.
[89] Vgl. Schüller, A., Schwarz, T. (2010), S.121.

Eine Zielgruppe zu finden, ist normalerweise relativ einfach. Diese dann aber richtig anzusprechen, dagegen nicht. Zur Umsetzung ist es wichtig die richtige Sprache zu finden. Dabei sollte auf die Art der Werbemittel wie auch der Plattform geachtet werden. Nicht jede Zielgruppe reagiert auf jede Werbekampagne und alle Produkte eines Unternehmens gleich. Deshalb kommt einer strukturieren Beobachtung des Verhaltens eine überaus wichtige Rolle zu. Auf welche Art und Weise wird über die Produkte in Blogs oder Foren kommuniziert. Kann das Unternehmen diesen Sprachstil übernehmen? In welchen Communities sind die Nutzer aktiv? Kann das Produkt dort platziert werden? Die Auswertung über Anzahl der gelesenen Artikel, der Kommentare und das Anklicken der Werbekampagnen kann Aufschluss darüber geben, ob die Kampagnen richtig gesteuert wurden.[90]

Im Internet ist für Unternehmen oftmals die junge Zielgruppe relevant. Diese hat zu 95% einen Internetanschluss und nutzt diesen auch täglich.[91] Ist der Gesamtdurchschnitt der Internetnutzung in Deutschland bei 140 Minuten am Tag, so ist dieser bei 50% der jungen Leute (unter 30 Jahren) bei mehr als drei Stunden. Jeder Zehnte ist sogar „Vielsurfer" und zwischen fünf und zehn Stunden am Tag aktiv.[92]

In Bezug auf Social-Media-Communities ist die Zahl noch beeindruckender. 96% aller Menschen zwischen 14 und 29 Jahren sind im sozialen Netzwerk angemeldet und 94% stufen sich als aktive Nutzer ein.[93] Die Reihenfolge der genutzten Netzwerke sind Facebook (75% der jungen Leute sind dort angemeldet), studiVZ (29%), wer-kennt-wen (23%), meinVZ (21%), schülerVZ (16%), MySpace (13%), Twitter (11%), Lokalisten (10%), StayFriends (9%) und Xing (6%).[94]

5.3. Auswertungs- und Bewertungsmöglichkeiten von Social-Media-Kampagnen

Das Wichtigste bei der Durchführung einzelner Marketing-Kampagnen ist die Erfolgsbeurteilung. Die Messung des Erfolges im Zusammenhang mit Social-Media-Marketing ist jedoch nicht ganz einfach, da sich Tiefe des Gedankenaustausches

---

[90] Vgl. Schüller, A., Schwarz, T. (2010), S.122.
[91] Vgl. Statista (2011a). o.S.
[92] Vgl. BITKOM (2011a), o.S.
[93] Vgl. BITKOM (2011b), o.S.
[94] Vgl. BITKOM (2011b), o.S.

oder die Wirkung im Unterbewusstsein schwer beziffern lassen. Dennoch gibt es einige Werkzeuge, mit denen sich der Erfolg messen lässt.

5.3.1. Return of Investment (ROI)

Die Rendite der Kampagnen muss belegbar sein. Aus diesem Grund wird eine ROI-Analyse genutzt. Für die amerikanische Marketingexpertin Christina Warren ist es von enormer Bedeutung, festgelegte Ziele und Meilensteine festzulegen. „So before you set out to measure and monitor your social media returns, you need to have a clear idea of what it is you want to accomplish."[95]
Die deutsche Social-Media-Expertin Dorothea Heymann-Reder nimmt die Aussagen von Christina Warren auf und unterteilt diese in vier Schritte:

5.3.1.1 Ermittlung des Ist-Zustandes

In diesem Schritt müssen aktuelle Zahlen vor der zu startenden Kampagne erhoben werden. Zu diesen zählen der aktuelle Umsatz, auch im E-Commerce und die Besucherzahlen der Homepage. Nur wenn diese bekannt sind, kann ein Vergleich mit der Kampagne gemacht werden.[96]

5.3.1.2 Klare Ziele setzen

Hier soll definiert werden, welche Art von Erfolgen das Unternehmen machen möchte. Soll der Umsatz insgesamt gesteigert werden oder nur von einem bestimmten Produkt? Vielleicht verfolgt das Unternehmen das Ziel, die Zahl der Fans auf einer Plattform zu steigern oder einen besseren Pagerank zu erhalten.[97]

5.3.1.3 Aktivitäten messen

Hier erfolgt die Auswertung der Kampagne. Es gibt viele Möglichkeiten, die Ergebnisse aufzeigen. Die Fans bei Facebook, die Follower bei Twitter, Kommentare in

---

[95] Warren, C., Mashable Social Media (2011), o.S.

[96] Vgl. Heymann-Reder, D. (2011), S. 93.

[97] Vgl. Heymann-Reder, D. (2011), S. 93.

den Blogs, Anmeldungen als Produkttester, der Pagerank der Unternehmensseite oder positive Artikel über ein Produkt. Wie oft wurden Beiträge in sozialen Netzwerken weiterverteilt? Es gibt viele Möglichkeiten, um Zahlen für den Vergleich zu erhalten.[98]

5.3.1.4 Die Daten nutzbar machen

Die Zahlen, die das Unternehmen erhoben hat, müssen ausgewertet werden. Hat der Anstieg von Facebook-Freunden auch zu mehr Bestellungen oder Umsatz geführt? Haben die positiven Produktbewertungen Anreiz für andere Bestellungen gegeben? Genau diese Fragen müssen beantwortet und ausgewertet werden. So können Maßnahmen für kommende Kampagnen gezogen werden.[99]

5.3.2. Balanced Scorecard

Im Social-Media-Marketing lässt sich die Balanced Scorecard anwenden. Die Balanced Scorecard zeichnet sich darin aus, dass sie neben den finanziellen, auch die nicht-finanziellen Aspekte eines Unternehmens beleuchtet. Dazu gehören zum Beispiel die Zufriedenheit der Kunden und Mitarbeiter, Markenimage oder – präsenz. Roland Fliege hat deshalb zu den klassischen Perspektiven der Balanced Scorecard (interne Prozesse, Kunden, Finanzen und Mitarbeiter) die Perspektive des Social-Media-Marketings hinzugenommen.[100]

Albert Pusch hat eine mögliche Übersicht zusammengestellt, die Ziele der Social-Media-Marketing-Perspektive aufzeigen kann.[101]

Unique Visitors pro Monats des Blogs:
Das Ziel mehr Web-Traffic zu bekommen, lässt sich gut über Google Analytics sehen.[102]

---

[98] Vgl. Heymann-Reder, D. (2011), S. 93.

[99] Vgl. Heymann-Reder, D. (2011), S. 93.

[100] Vgl. Heymann-Reder, D. (2011), S. 93.

[101] Vgl. Pusch, A, Socialmedia Blog (2011). o.S.

[102] Vgl. Pusch, A, Socialmedia Blog (2011), o.S.

Wachstum der Facebook-Likepage pro Zeiteinheit:

Sichtbar auf der Statistikseite im Administrationsbereich der Facebookseite.[103]

Wachstum der Twitter-Follower per Zeiteinheit:

Die Anzahl der Follower ist jederzeit sichtbar. Über neue Follower kann per Email-Benachrichtigung informiert werden.[104]

Anzahl der Abonnenten (RSS, Newsletter):

Über die Anwendung „Feedburner" lässt sich die Anzahl an Lesern von RSS-Feeds anzeigen.[105] Newsletter-Abonnements können über das Newsletter-Werkzeug gesehen werden.

Anzahl der Kommentare pro 100 Besucher auf unterschiedlichen Kanälen:

Der Grad der Interaktion kann über das Verhältnis von Kommentaren pro 100 Besucher bestimmt werden.[106]

5.3.3. Werkzeuge zur Aus- und Bewertung

Um ausfindig zu machen, was über ein Unternehmen im Internet kommuniziert wird, gibt es verschiedene Werkzeuge. Mit ihnen lassen sich Beiträge beobachten und auswerten. Dadurch ergeben sich viele Vorteile wie schnelles Auffinden von Artikeln über das Unternehmen, das Auffinden von neuen Zielgruppen, das Aufnehmen von Trends und Stimmungen, das Reagieren auf negatives Feedback und das Erkennen von Meinungsführern in der Branche.[107]

Google Alerts (http://www.google.de/alerts)

Mit Google Alerts finden sich Ergebnisse wie Nachrichtenartikel, Blogs, Webseiten, Videos oder Foren, die den hinterlegten Suchbegriff beinhalten.[108] Dazu müssen Interessierte den Suchbegriff bei Google eingeben. Die gefundenen Artikel werden in definierten Abständen an eine angegebene Email-Adresse gesendet.

---

[103] Vgl. Pusch, A, Socialmedia Blog (2011), o.S.

[104] Vgl. Pusch, A, Socialmedia Blog (2011), o.S.

[105] Vgl. Pusch, A, Socialmedia Blog (2011), o.S.

[106] Vgl. Pusch, A, Socialmedia Blog (2011), o.S.

[107] Vgl. Heymann-Reder, D. (2011), S.99f.

[108] Vgl. Weinberg, T. (2010), S. 48.

Google Blogsearch (http://www.google.de/blogsearch)

Die Webseite entspricht der normalen Google-Suche. Es gibt lediglich den Unterschied, dass hier nur Blogs durchsucht werden.

Twitter Search (https://twitter.com/#!/search-home)

Hier finden sich alle Suchergebnisse zu einem Begriff. Egal von welchem Schreiber.[109]

Facebook-Suche (innerhalb der Facebook-Community)

Es werden alle Seiten, Gruppen und Fans eines Suchbegriffs aufgelistet.

Google Analytics (http://www.google.com/intl/de/analytics/)

Auf dieser Plattform können viele Auswertungen über Unternehmenswebseiten oder –blogs gemacht werden. Es lassen sich die Anzahl der Besucher ermitteln (diese sogar nach Land und Stadt). Wird im Aufbau der eigenen Unternehmenswebseite die spätere Fragestellung beachtet, kann sogar genauer Bezug zu bestimmten Artikeln auf der Webseite hergestellt werden. So lässt sich schnell feststellen, welches Produkt die meisten Aufrufe hat und welches nur wenige.

---

[109] Vgl. Heymann-Reder, D. (2011), S. 100.

6. Fallstudien von Social-Media-Kampagnen

Dass durch Social Media nicht nur große, sondern auch kleine und mittlere Unternehmen profitieren können, wird in den nächsten Fallbeispielen deutlich. Dabei werden unterschiedliche Ansätze und Plattformen betrachtet, die dafür genutzt wurden, die Kunden auf seine Seite zu ziehen. Allerdings gibt es auch die negative Seite im Social Media: Diese soll ebenfalls Erwähnung in den Fallbeispielen finden. Des Weiteren soll verdeutlicht werden, wie komplex und unberechenbar Social Media sein kann.

6.1. Positive Fallbeispiele

Die folgenden Beispiele zeigen den erfolgreichen Umgang mit Social-Media-Plattformen und das Aufgehen von geplanten Strategien.

6.1.1. Adidas

Das Unternehmen Adidas nutzte Facebook, um die Marke neu zu positionieren. Dabei sollten junge Menschen zwischen 18 und 34 Jahren angesprochen werden. Dies macht die genaue Definition der Endgruppe über die Facebook-Werbung möglich, bei der gezielte Altersangaben gemacht werden können. Ziel der Kampagne war es, mehr junge Menschen mit der Marke Adidas zu verlinken und diese affin für Videos der Marke zu machen. Die Aktion wurde mit sogenannten Premium-Video-Anzeigen durchgeführt. Diese wurden in den Werbeanzeigen angezeigt. Wenn das Video den Usern gefallen hat, konnte durch betätigen des „Gefällt-mir"-Buttons der Inhalt an Freunde empfohlen werden. Durch die virale Verteilung erhoffte sich Adidas eine größere Zielgruppe für die Kampagne. Dabei gab es unterschiedliche Werbebotschaften für männliche und weibliche Nutzer.[110]

---

[110] Vgl. Facebook (2012). o.S.

Abbildung 8: Beispiele der Adidas-Aktion[111]

Die Kampagne lief sechs Monate und startete Anfang 2010. Das Ergebnis war sehr positiv. Im Aktionszeitraum wurden 228.928 neue Freunde generiert. Die Videos wurden 722.000 Mal angesehen. Insgesamt haben sich 3,9 Millionen User mit der Facebook-Seite von Adidas verbunden. Das sind Werte, die zeigen, dass sich eine sorgfältig geplante Aktion bei Facebook lohnen kann. Denn in den Adidas-Läden kam es in diesem Zeitraum ebenfalls zu erhöhtem Kundenaufkommen, das aus der Kampagne resultierte. Als Beweis wurde der Mehrverkauf der in den Videos beworbenen Artikel gesehen. Chris Barbour, weltweiter Direktor Digitales Marketing, sprach sich deshalb für weitere Kampagnen auf Facebook aus. Ziel sei es, eine „familiäre Atmosphäre" mit den Facebook-Freunden aufzubauen. Dabei werden die Freunde zukünftig in die Produktplanung mit einbezogen und die Kommentare und ihr Feedback beachtet.[112]

6.1.2. RAin Braun

Unter dem Namen „RAin Braun" betreibt die junge Strafverteidigerin Alexandra Braun aus Hamburg ihren eigenen Blog, der den Leser mit lustigen Geschichten aus der Welt des Rechts unterhalten soll. Der Erfolg gibt ihr Recht. Unter dem Be-

---

[111] Facebook (2012). o.S.
[112] Vgl. Facebook (2012). o.S.

griff „Verteidiger Hamburg" war Ihr Blog unter den ersten Einträgen im Jahr 2010 zu finden. [113]

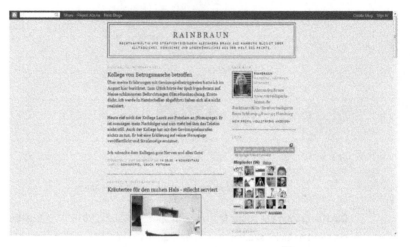

Abbildung 9: Screenshot der Homepage[114]

Im Jahr 2011 wurden in dem Blog nur 32 Artikel veröffentlicht und so verlor die Seite an Aufmerksamkeit. 280 Artikel waren es noch im Jahr 2010, in dem sie für Furore sorgte. Aktuell ist sie unter dem Suchbegriff „Verteidiger Hamburg" nicht einmal mehr unter den ersten Seiten zu finden.

Somit ist sie ein Beispiel für die Möglichkeit, mit einfachen Mitteln schnell Erfolg zu haben. Dabei setze Alexandra Braun auf die Thematik Humor und gewann die Leser mit lustigen und kuriosen Geschichten aus dem Anwaltsleben. Diese veröffentlichte sie zudem auf der Plattform Jurablogs.com. Dort belegte sie im Blog-Ranking immer einen der vorderen Plätze.[115]

In einem Interview mit Dorothea Heymann-Reder erklärt Alexandra Braun, warum sie mit dem Bloggen angefangen hat. „Bei Xing bin ich schon seit mehreren Jahren, (...) habe dort mit Gruppenmitgliedern zu tun, die bloß eine kostenlose Beratung erhalten möchten. Das ist natürlich nicht das, was man sich wünscht." [116] So

---

[113] Vgl. Heymann-Reder, D. (2011), S. 44.

[114] Braun, S., RAINBRAUN (2012), o.S.

[115] Vgl. Heymann-Reder, D. (2011), S. 44.

[116] Vgl. Heymann-Reder, D. (2011), S. 44.

Alexandra Braun. Sie habe bei einem Verband für Unternehmerinnen erfahren, wie erfolgreich das Bloggen sein kann und es ausprobiert. Sie investiere 30-60 Minuten am Tag für den Blog, aber das falle nicht ins Gewicht, da es ihr Spaß machen würde. Die Plattformen, auf denen sie aktiv ist, sind Facebook, Xing, Twitter und StudiVZ. Auf Reaktionen in Communities reagiere sie gerne, egal ob positiv oder negativ.[117]

6.1.3. Hotel Kurfürst – Wellnesshotel an der Mosel

Eine weitere tolle Erfolgsgeschichte im Social Media ist das Hotel Kurfürst in Bernkastel-Kues. Suchen User im Netz nach dem Begriff „Wellness Mosel" bekommen sie folgendes Ergebnis:[118]

Abbildung 10: Screenshot Google-Suche „Wellness Mosel"[119]

Das Hotel steht an zweiter Stelle der Google-Suche und ist somit das erste Hotel in der kostenlosen Rubrik. So wird es schnell von neuen Kunden gefunden, die diesen Suchbegriff eingeben. Aber das Unternehmen setzt nicht nur auf die Google-Suche.

---

[117] Vgl. Heymann-Reder, D. (2011), S. 44.
[118] Vgl. Heymann-Reder, D. (2011), S. 54.
[119] Google (2011), o.S.

Auf der Homepage des Hotels finden sich weitere Links zu Facebook, Twitter, Y-outube und Tripadvisor. Die dahinterliegenden Zahlen sind enorm. Bei Facebook gefällt die Seite 2.774 Personen (Stand 17.12.2011). Bei Twitter hat das Hotel 1.407 Follower. Besonders Interessant ist der Youtube-Kanal des Hotels. Hier finden sich 64 Videos, die verschiedenste Themen beinhalten wie die Beschreibung des Hotels, Renovierungen, Bilder aus der Umgebung, Erklärungen von Wellness-Behandlungen, persönliche Stellungnahmen des Hoteldirektors und vielen anderen Inhalten. Die Videos wurden dabei insgesamt 12.153 Mal angesehen (Stand 17.12.2011). Auf der Hotelbewertungsseite Tripadvisor steht das Hotel an zweiter Stelle aller Hotels in Bernkastel-Kues und hat 185 Bewertungen, auf die der Hotel-direktor zum Teil selbst eingeht, indem er einen Kommentar hinzufügt.

An diesem Fallbeispiel wird durch Kundenbildung ein sehr positives Bild deutlich. Durch die Vielzahl an Freunden, Followern, Video-Sehern oder Bewertungen bekommt das Hotel ein durchweg gutes Image in der Social-Media-Welt. Da Menschen lieber anderen Menschen glauben als der vom Unternehmen selbst gestalteten Werbung, erfolgt so ein Vertrauensvorsprung, der mit Werbekampagnen schwer aufzubauen ist.

Dorothea Heymann-Reder nimmt dieses Beispiel, um aufzuzeigen, dass auch Einzelkämpfer und Inhaber von Kleinunternehmern von Socia Media profitieren können und der Aufwand sehr lohnenswert sein kann.[120]

6.1.4. Daimler-Konzern

Eine gute Marketing-Idee hatte der Daimler-Konzern im Jahre 2008. Nachdem die eigene Seite auf dem Fotoportal Flickr erstellt wurde, ist dem Konzern aufgefallen, dass es auf Flickr bereits 200.000 Bilder von Daimler-Fahrzeugen gibt. Daimler beschrieb die Bilder so: „Sie zeigen unsere Automobile so, wie wir es uns niemals getraut und vielleicht auch nicht gekonnt hätten: ungeschminkt, unvollständig, ungewaschen und schnappschussartig. Aber auch liebevoll inszeniert, sehr persönlich und wahnsinnig nah. Eben so, wie Mercedes-Benz wirklich von der Welt gesehen wird – und die Marke wird geliebt."[121]

Der Konzern wählte einige Bilder aus und suchte die Fotografen auf, die Texte zu ihren Bildern verfassten. Das Buch mit dem Titel „Random Act of Kindness", kurz

---

[120] Vgl. Heymann-Reder, D. (2011), S. 54.
[121] Weber, T., Daimler Homepage (2011), o.S.

RAK, wurde an 100.000 Freunde der Marke kostenlos verschickt. Für die meisten Fotografen war diese Aktion völlig überraschend und deshalb so erfreulich.[122] Der positive Nebeneffekt für Daimler folgte. Es gründete sich eine eigene Buch-Gruppe auf Flickr. Einige Exemplare landeten sogar auf der Auktionsplattform Ebay und wurden zum Teil zu hohen Preisen verkauft. Der größte Erfolg dieser Kampagne ist die Auszeichnung mit dem John Caples International Award in New York. Der Jury gefiel das Buch so gut, dass es mit Gold prämiert wurde.[123]

6.2. Negative Fallbeispiele

Aber es gibt in einem so schnelllebigen und autarken Bereich nicht nur positive Beispiele. Die Eigenschaften des Social Medias kann ein Unternehmen auch negativ dastehen lassen. Diese werden nachfolgend aufgezeigt und genauer erklärt.

6.2.1. Pril

Ein negatives Beispiel zeigt der Fall Pril von dem Hersteller Henkel. Unter dem Namen „Mein Pril – Mein Stil" wurde ein Wettbewerb auf Facebook ins Leben gerufen, bei dem Benutzer eigene Designs für eine limitierte Auflage vorschlagen konnten. Von den kreierten Vorschlägen konnten final zwei durch die Community gewählt werden, die es dann kurzfristig in die Läden schaffen sollten. Das Problem war nur, dass ein Designer mit dem Namen Peter Breuer, eine Flasche mit einem braunen Logo erstellte und diese mit dem Text versah: „Schmeckt lecker nach Hähnchen". Diese Flasche fand sofort viel Begeisterung und lag mit 3.300 Stimmen Vorsprung auf Platz eins von insgesamt 33.000 eingereichten Vorschlägen. [124]

---

[122] Vgl. Heymann-Reder, D. (2011), S. 211.

[123] Vgl. Weber, T., Daimler Homepage (2011), o.S.

[124] Vgl. Breithut, J., Spiegel (2011), o.S.

Abbildung 11: Screenshot der Beispiele[125]

Die Marketingverantwortlichen von Henkel waren nicht erfreut von der Abstimmung. Der Marketingleiter sagte zu dem Design: „Grundsätzlich begrüßen wir auch humorvolle Designs."[126] Der Vorschlag von Peter Breuer „hat nicht die besten Voraussetzungen, später zum Sortiment eines Spülmittels zu gehören."[127]

Um auf das gewünschte Ergebnis zu kommen, strich das Unternehmen Henkel mehrere Stimmen von unerwünschten Designs. So standen nur noch Vorschläge auf den vorderen Rängen, die aus Unternehmenssicht zur Produktausrichtung passten. Eine Erklärung gab es nur in Form eines kurzen Posts. Es wären nur unzulässige Stimmabgaben gelöscht worden, so das Unternehmen. Es folgte ein großer Aufschrei der Community, die im Sekundentakt auf der Facebook-Seite des Unternehmens postete. Darin wurde die Aktion als „verlogene Kampagne" oder als „Wahlbetrug" tituliert. Andere wollen die Marke Henkel ab jetzt boykottieren und ärgern sich, dass sie von der Firma Henkel des Schummelns bezichtigt wurden.[128]

---

[125] Breithut, J., Spiegel (2011), o.S.
[126] Vgl. Breithut, J., Spiegel (2011), o.S.
[127] Vgl. Breithut, J., Spiegel (2011), o.S.
[128] Vgl. Frickel, C., Focus (2011), o.S.

Am Ende gewannen eine Flasche mit Krawatte und eine im Leopardendesign den Wettbewerb. Das Unternehmen änderte dazu die Regeln und setzte kurzfristig eine fünfköpfige Jury ein, die sich um die Auswahl der Sieger-Produkte kümmerte.[129]

6.2.2. Nestlé

Eine weiteres Negativbeispiel in Sachen Social Media ist dem schweizer Unternehmen Nestlé wiederfahren. Im März 2010 stellte Greenpeace auf der eigenen Homepage einen Artikel rein, der die Verwendung von Palmöl bei der Herstellung von Kitkat-Schokoladenriegeln beschrieb. Der komplette Vorwurf lautet, dass Nestlé Pflanzenfett verwende, für das der indonesische Regenwald abgeholzt werde. Dieser Regenwald ist das Rückzugsgebiet der vom Aussterben bedrohten Orang-Utans. Dazu wurde ein provokantes Bild beigefügt, welches ein verfremdetes Kitkat-Logo darstellte. Anstelle des Namens „Kitkat" stand „Killer" als Slogan. Des Weiteren wurde ein Video ins Internet gestellt, in dem ein Schokoladenriegel durch den Urwald fährt, Bäume rodet und Affen umbringt. Dieses Video findet sich heute noch auf Youtube unter dem Suchbegriff „Kitkat".[130]

Abbildung 12: Verfremdetes Kitkat-Logo[131]

Der Protest nahm dank Twitter und Facebook schnell Fahrt auf. Die Facebook-Seite von Nestlé wurde sofort von negativen Kommentaren überschwemmt. Zudem stellte die Community oft den Link zu dem Video auf der Facebook-Seite des Unternehmens ein. Die Administratoren der Seite hatten Probleme darauf zu reagieren. Viele Benutzer von Facebook änderten zudem ihr Profilbild und nutzten nun

[129] Vgl. Breithut, J., Spiegel (2011), o.S.
[130] Vgl. Hillenbrand, T., Spiegel (2011), o.S.
[131] Hillenbrand, T., Spiegel (2011), o.S.

das verfremdete Kitkat-Logo. Auch bei Twitter wurde im Sekundentakt der Link zu der Greenpeace-Seite und dem Youtube-Video geteilt. Greenpeace hatte zudem eine „Twitterwall" vor der Konzernzentrale in Frankfurt aufgebaut. Auf dieser war jeder „Tweet" zu dem Thema zu lesen.[132] Die Reaktion von Nestlé war fatal: Das Löschen von Beiträgen und das Untersagen von neuen Posts mit dem Link des Videos oder des verfremdeten Firmenlogos bewirkten keine Entspannung des Themas. Die Community reagierte empört darüber, selbst alte Nestlé-Fans schrieben jetzt negative Kommentare und wandten sich gegen das Unternehmen. Erst durch die offene Kommunikation zwischen der Konzernzentrale und Greenpeace konnte der Protest minimiert werden.[133]

7. Vor- bzw. Nachteile von Social Media als Kommunikationsinstrument

In diesem Kapitel werden die Vor- und Nachteile des Social-Media-Marketings im Bezug auf Unternehmen beleuchtet werden. Aus dieser Aufstellung soll ersichtlich werden, welche Auswirkungen die Maßnahmen haben können.

7.1. Vorteile

Es können sich viele Vorteile für Unternehmen aus dem Social-Media-Marketing ergeben. Der wichtigste dabei ist die virale Stärke von Social-Media-Plattformen. Ein Produkt oder eine Werbeanzeige kann innerhalb kürzester Zeit verbreitet werden. Auf diesem Wege lassen sich viele Kunden ansprechen, ohne dafür weitere Werbegelder auszugeben.[134] Die virale Verbreitung bringt zudem zwei weitere Vorteile mit sich. Der Erste ist der generierte Traffic auf der Unternehmens- oder Produktseite, der durch das Verbreiten der Links erfolgt.[135] Der Zweite ist der Einfluss auf das Suchmaschinenranking der Seite. Die vielen Einträge der Homepage auf anderen Internetseiten bringen einen höheren Stellenwert für Suchmaschinen. Zudem haben für Suchmaschinen Eintragungen auf Social-Media-Plattformen eine enorme Gewichtung. Dies begründet sich auf die Vielzahl der Nutzer dieser Seite und die Aktualität. Somit sollte es für jedes Unternehmen von Bedeutung sein, dass ihre Seite auf diesen Kanälen

---

[132] Vgl. Hillenbrand, T., Spiegel (2011), o.S.
[133] Vgl. Hillenbrand, T., Spiegel (2011), o.S.
[134] Vgl. Zarrella, D. (2010), S. 6f.
[135] Vgl. Hilker, C. (2012), S. 87f.

entsprechend häufig geteilt wird. Denn mehr Traffic auf der Seite und bessere Plat-
zierungen in Suchmaschinen ist ein wichtiger Aspekt, der zu mehr Verkauf führen
kann.[136]

Auf eine Marke bezogen bringt Social-Media-Marketing ebenfalls einige Vorteile.
Ein Punkt ist der Aufbau und die Pflege einer Marke. Bekannt ist dieses unter dem
Begriff Reputationsmarketing. Es lassen sich neue Marken ohne großen Aufwand
schnell bekannt machen und etablierte Marken können ihr Image beibehalten und
verbessern. Wenn dabei der Bekanntheitsgrad die beachtete Größe ist, handelt es
sich um „Brand Building". Der Begriff steht für den wachsenden Bekanntheitsgrad
einer Marke und ist ein wichtiger Aspekt im Marketing.

Durch Aktivitäten in Social-Media-Kanälen findet eine verstärkte Kundenbindung
statt. Das kann durch eine gezielte Kommunikation sein, in der auf die Wünsche
der Kunden und deren Probleme eingegangen wird. Ebenfalls ist eine Belohnung
guter Kunden möglich. Ein Unternehmen könnte kleine Geschenke verteilen oder
nette Aktionen mit den Freunden planen. Social Media ist daher eine gute Ergänzung zum CRM, dem Customer-Relationship-Management.

Eine gute Kundenbindung führt auch zu einer höheren Kundenzufriedenheit. Dieses Ergebnis erzielt ein Unternehmen durch regen Austausch und die Reaktion auf
Hilfeanfragen und Reklamationen. Wenn ein Kunde sich ernst genommen fühlt,
wird er der Marke treu bleiben und so weitere Produkte des Unternehmens kaufen.
Somit kann sich Kundenbindung schnell rechnen.[137]

Ein weiterer positiver Aspekt, den die Kundenbindung im Social Media liefert, ist die
Marktforschung. Es gibt die Möglichkeit Umfragen zu generieren, die auf den Social-Media-Plattformen gestreut werden. Dadurch erreicht das Unternehmen eine
große Zahl an Teilnehmern und erhält ein aussagekräftiges Ergebnis. Ein Vorteil
dabei ist, dass ein Unternehmen die Zielgruppe genau bestimmt. Als Teilnehmer
lassen sich bereits aktive Kunden, die einen Bezug zu der Marke des Unternehmens haben und mit dieser in Verbindung stehen, auswählen. Der Kunde lässt sich
über die Marktforschung hinaus einbinden. Er kann bei der Entwicklung von Produkten aktiv mitwirken. Daraus entwickelt sich eine besonders intensive Beziehung
zwischen Kunde und Produkt.

Social-Media-Plattformen sind eine geeignete Werbeplattformen für Produkte, wie
auch für Dienstleistungen. Es gibt eine Vielzahl von Werbemöglichkeiten, in denen

---

[136] Vgl. Crabs, A., Bannour, K.-P. (2012), S.31.
[137] Vgl. Falque, E., Williams, S.-J. (2012), S. 196.

sich die Aktivitäten individuell auf Zielgruppen anpassen lassen. Darüber hinaus kann die Werbung genauen Zielgruppen zugeteilt werden. Bei Facebook zum Beispiel können die Angaben der Benutzer in die Auswahl integriert werden. Eine Kampagne erscheint dann nur bei Menschen, die diese Vorgaben erfüllen. Die Auswahl der möglichen Kriterien ist dabei sehr groß.[138]

7.2. Nachteile

Es gibt vielfältige Plattformen im Social Media, die sich stark unterscheiden. Um in den Communities aktiv zu sein, muss viel Zeit investiert werden. Es hilft hier nicht, einen Praktikanten oder Auszubildenden auf diese Thematik anzusetzen. Ein Unternehmen sollte einen Social-Media-Beauftragten einstellen, der sich genau mit der Materie auskennt, aber auch branchenspezifisches Know-how vermitteln kann und im Namen des Unternehmens Position bezieht und Entscheidungen trifft. Es ist nicht damit getan, einfach eine Seite auf allen Plattformen zu haben. Wichtig ist ein Konzept, welches mit anderen Abteilungen abgesprochen ist und das Unternehmen weiterbringt. Dieser strategische Part wird sehr häufig unterschätzt.[139]

Die einzelnen Seiten müssen nicht nur aufgebaut, sondern auch kontinuierlich betreut werden. Dabei ist notwendig, dass Kommentare von Freunden, Kunden oder anderen Benutzern gelesen werden und darauf reagiert wird. Dieses sollte auf allen Seiten passieren und relativ zeitnah geschehen. Die Interaktion zwischen Unternehmen und Usern sollte dabei auf gegenseitiges Vertrauen aufgebaut sein. Ansonsten können Nachrichten schnell als Versuch der Beeinflussung verstanden werden.[140]

Das Verteilen vor Inhalte von Community zu Community ist unterschiedlich. So dürfen Meldungen bei Twitter nur 140 Zeichen haben, bei Youtube dürfen nur Videos eingestellt werden und bei Flickr sind es ausschließlich Fotos, die verbreitet werden dürfen.

Zusätzlich müssen die einzelnen Regeln der Plattformen beachtet werden. Ansonsten droht ein schneller Ausschluss aus den Communities und die investierten Ressourcen sind verloren.

---

[138] Vgl. Wolber, H. (2012), S.17.

[139] Vgl. Wolber, H. (2012), S.18.

[140] Vgl. Lempke, G. (2012), S. 33.

Wichtig ist außerdem, dass der jeweilige Auftritt das Image des Unternehmens transportiert. Ansonsten kann die Investition in Social Media erfolglos verlaufen. Es sollte vorher festgestellt werden, auf welchen Plattformen ein entsprechender Auftritt möglich ist und welche Gefahren dort für das Unternehmen lauern.[141] Die größte Angst der Unternehmen ist es, an den Pranger gestellt zu werden. Negative Einträge über Unternehmen, Marken und Produkte sind schnell geschrieben und verbreitet. Weitere kritische Thematiken verteilen sich - wie am Beispiel Nestlé gezeigt - ebenfalls sehr schnell. Gerade die Themenfelder Natur- und Tierschutz haben einen großen Stellenwert in den Communities. Meldungen zu diesen Themen werden schnell öffentlich gemacht, ohne jedoch vorher den Wahrheitsgehalt zu untersuchen. Ohne Verzögerung kann es zu Rufschädigungen und hohen Verlusten des Firmenimages kommen. Die Kontrolle dieser Meldungen ist durch die Vielzahl der Plattformen nur schwer möglich. Es ist ein hoher zeitlicher Aufwand, auf diese Meldungen zu reagieren.

8. Kritische Betrachtung

Hier soll insbesondere auf das Thema Datenschutz eingegangen werden, da es immer wieder im Zusammenhang mit Social-Media-Plattformen fällt. Das Problem hierbei ist, dass es Hackern immer wieder gelungen ist, an private Informationen von Benutzern von Communities zu gelangen. Ein bekannter Fall war der von StudiVZ im Jahr 2006, bei dem private Daten an die Öffentlichkeit gelangten.[142] Das Problem hierbei sind die personalisierten Daten, deren Speicherung einer datenschutzrechtlichen Rechtfertigung braucht.[143] Der beste Ort hierfür ist das Impressum. Dieses sollte nicht nur auf eigenen Blogs eingerichtet werden. Ein Impressum kann selbst bei Flickr, Youtube, Twitter oder auch Facebook integriert werden. Darin sollte der Name und Adresse des Dienstanbieters geschrieben sein, dazu noch Angaben, damit ein schneller elektronischer Kontakt nach dem TMG (Tele-Medien-Gesetz) erfolgen kann.[144] Ein weiterer Punkt der kritisch betrachtet werden muss, ist das fehlende Sicherheitsverständnis der Plattformen. So stellte Stiftung Warentest fest, dass fast alle

---

[141] Vgl. Lempke, G. (2012), S. 33.
[142] Vgl. Kleinz, T., Heise (2012), o.S.
[143] Vgl. Schüller, A., Schwarz, T. (2010), S. 312.
[144] Vgl. Pfeiffer, T., Koch, B. (2011), S. 86.

großen Social-Media-Plattformen Probleme mit dem Datenschutz haben. In dem Test konnten Passwörter schnell umgangen und somit Daten gesammelt werden. Bei Facebook, MySpace und LinkedIn zum Beispiel werden die Rechte der Nutzer sehr eingeschränkt. Die Plattformen selbst behalten sich das Recht jegliche Daten jederzeit an Dritte weiterzugeben. Stiftung Warentest mahnt außerdem an, dass die Communities nicht kostenlos sind, wie sie es suggerieren. Der Kunde zahlt die Mitgliedschaft mit seinen Daten. So können diese weitergegeben und für Werbung genutzt werden. Daneben vernachlässigen die Anbieter den Jungendschutz. Für junge Menschen ist es sehr einfach sich auf diesen Plattformen anzumelden, obwohl diese Teilnahme rechtlich nicht gestattet ist.[145]

9. Schlussbetrachtung

Die Arbeit wird mit der Schlussbetrachtung abgeschlossen. Darin gibt es eine Zusammenfassung, in der auf die wichtigsten Aussagen eingegangen wird. Darauf folgt eine Aussicht auf die zukünftige Entwicklung des Social-Media-Marketings. Am Ende steht das Fazit.

9.1. Zusammenfassung

Nach der Einleitung, in welcher die Zielsetzung und die Vorgehensweise beschrieben wurden, folgten die Definitionen der drei Begriffe, „Social-Media-Marketing", „Kommunikationsinstrumente" und „junge Zielgruppe". Daraufhin wurden die wichtigsten Plattformen de Social Media beschrieben. Der Schwerpunkt bei der Beschreibung lag auf den aktuellen Mitgliederzahlen, welt- und deutschlandweit, auf den grundsätzlichen Informationen, wie Aufmachung und Darstellung und zuletzt auf den Möglichkeiten, die Unternehmen haben, um sich auf Seiten zu präsentieren.

Im nächsten Punkt stand das Kommunikationsinstrument Social-Media-Marketing im Fokus. Es wurden zuerst die Maßnahmen vorgestellt, mit oder auf denen ein Unternehmen im Social Media auftreten kann. Dazu gab es zu jeder Maßnahme eine detaillierte Beschreibung. Im folgenden Unterkapitel wurde das Kommunikationsinstrument Social-Media-Marketing mit anderen Instrumenten vergleichen. Dabei stellte sich heraus, dass es mit anderen Instrumenten viele Gemeinsamkeiten

---

[145] Vgl. Stiftung Warentest (2012), o.S.

hat und eine Alternative beziehungsweise Ergänzung zu den herkömmlichen Instrumenten darstellt.

Im Kapitel vier wurde auf die Ziele der Social-Media-Kommunikation eingegangen.
Dabei wurden verschiedene Punkte betrachtet, die Unternehmen verfolgen sollten,
damit Kampagnen ein Erfolg werden. Im weiteren Verlauf wurde auf die Kommunikation mit der jungen Zielgruppe eingegangen. Hier wurde darauf verwiesen, warum diese Zielgruppe im Social-Media-Marketing wichtig ist, wo diese gefunden
werden kann und wie sie sich dort verhält. Daraus können wichtige Schlussfolge-
rungen für Unternehmen gezogen werden. Der letzte Teil dieses Abschnitts zu der
Thematik Ziele handelt von Auswertungs- und Bewertungsmöglichkeiten der Kampagnen. Jedes Unternehmen ist daran interessiert, Erfolg messbar zu machen.
Dabei werden sowohl Methoden wie ROI oder Balanced Scorecard als auch Werkzeuge wie zum Beispiel Google Analytics betrachtet.

Im sechsten Kapitel stehen Fallbeispiele im Vordergrund. Hier wurden sowohl positive als auch negative Fallbeispiele genutzt, um dem Leser zu zeigen, wie wichtig
gut geplante Kampagnen sind und welche Gefahren das Thema birgt. Zudem wird
aufgezeigt, wie schnell sich Stimmungen in beide Richtungen durch virale Kommunikation bewegen können.

Darauf folgen die Vor- und Nachteile von Social-Media-Marketing. Bei der Darstellung werden viele Punkte aus den Fallstudien detaillierter dargeboten. Somit entsteht eine bessere Übersicht.

9.2. Aussicht

Was bringt die Zukunft? Diese Frage stellen sich viele Unternehmen. Um die Zukunft des Marketings nicht zu verpassen, sollten Unternehmen auf das Kommunikationsinstrument Social-Media-Marketing setzen. Es gibt viele positive Beispiele,
die Unternehmen bereits in der Vergangenheit helfen konnten. Und auch die negativen Fallbeispiele konnten mit Hilfe von neuen, besser durchdachteren Kampagnen in Vergessenheit geraten. Eins ist dabei sicher: Social Media ist nicht nur ein
Trend, sondern weiterhin ein Wachstumsmarkt. Die Mitgliederzahlen bei Facebook,
Twitter, Youtube, Xing und Co. sind in den letzten Monaten weiter gewachsen. Dabei ist keine Sättigung, geschweige denn ein Rückgang, in Sicht. Immer mehr Firmen positionieren sich im Social Media. In der Regel liegt das Augenmerk dabei
auf mehreren Plattformen Und in der Zukunft wird sich dieser Trend weiter etablie-
ren. Die Unternehmen werden probieren, mehr Menschen so an ihre Marken und

Produkte zu binden und mit dem Kunden in Kommunikation zu treten. Es ist ein gutes Instrument, um Stimmungen einzufangen und auszuwerten. Im Social Media kann schnell auf Kritik reagiert werden. Ein Problem, welches die Zukunft bringen wird, ist die Masse an Content, die dabei betrachtet werden muss. Die Einträge auf Twitter und Facebook steigen mit der zunehmenden Akzeptanz täglich, die Anzahl von Videos auf Youtube ebenfalls. Die Firmen brauchen vermehrt Personal, um die unternehmenseigenen Seiten auf den Plattformen zu pflegen, zu kommentieren und zu beobachten. In den nächsten Jahren werden sich bestimmte Communities gegenüber der Konkurrenz absetzen. Andere wie beispielsweise die VZ-Netzwerke werden verschwinden. Federführend werden Facebook, Twitter, Youtube, LinkedIn, Xing und vielleicht Google+ sein. Bei letzteren hängt es von der Investition Googles und der Resonanz der Internetbenutzer ab.

Social-Media-Marketing wird in der Zukunft ein Hauptinstrument in der Kommunikation mit den Kunden werden. Es passt sich perfekt der Gegebenheiten in der Gesellschaft an, die vermehrt Zeit im Internet verbringt. Ein Vorteil daran sind die flexiblen Möglichkeiten. So lassen sich Kampagnen planen, die komplett auf das Unternehmensprofil abgestimmt sind und gleichzeitig andere Werbemaßnahmen ergänzen. Somit wird eine Komplettkampagne inszeniert, die über viele Kanäle wie Social Media, Fernsehen, Radio, Magazinen, Zeitungen, etc., im gleichen Design abläuft und so einen hohen Wiedererkennungswert hat.

9.3. Fazit

Social-Media-Marketing ermöglicht es Unternehmen, in einen direkten Austausch mit seinen Kunden zu treten. Revolutionär ist dabei die zweiseitige Kommunikation, welche die bisher einseitigen Werbebotschaften ablöst. Für ein Unternehmen bietet sich die Chance, durch den gegenseitigen Dialog von den Anliegen seiner Kunden zu erfahren und darauf zu reagieren. Dabei ist es sehr wichtig, dass die Kampagnen gut geplant sind. Unkonventionelle Auftritte können schnell in die falsche Richtung verlaufen und das Gegenteil bewirken. Aus diesem Grund sollten sich professionelle Mitarbeiter damit beschäftigen, die sich mit der Materie und den Besonderheiten des Social Medias auskennen. Mit diesem doch sehr jungen Instrument lassen sich, bei richtiger Anwendung, mehr Menschen ansprechen als mit geläufigen Werbemitteln. Dies erfolgt durch die Auswirkungen der viralen Kommunikation. Interessante Informationen werden innerhalb einer Community rasant verteilt. Di richtige Zielgruppe wird dabei von dem Verteiler eingehalten, da er den Inhalt nur an

Nutzer sendet, die sich für diese Thematik interessieren. Somit gewinnt ein Unternehmen neue Kunden, die durch konventionelle Werbung nur schwer erreichbar gewesen wären. Als Werbeplattform ist das Social Media zudem bestens geeignet. Durch die gesammelten Informationen auf den Plattformen lassen sich Werbekampagnen auf die konkret definierte Zielgruppe ansetzen. Dabei können alle Daten genutzt werden, die ein Nutzer in den Communities zur Verfügung gestellt hat. Es entstehen weniger Streuverluste als bei Fernseh- und Radiowerbung. Gerade in Bezug auf die junge Zielgruppe finden sich hier viele Adressaten, die relevant sein können.

Insgesamt kann festgestellt werden, dass Social-Media-Marketing jedem Unternehmen, welches im B2C-Bereich unterwegs ist, helfen kann. Dabei sollte vorher explizit abgesteckt werden, wie die Kampagne aussehen soll. Es müssen also folgende Fragen beachtet werden: „Wer soll die Kampagne durchführen?", „Was will ich erreichen?", „Wann soll die Kampagne starten und wie lange?" „Wo (in welchen Communities) möchte ich diese Kampagne durchführen?" und „Wie (mit welchen Maßnahmen) erreiche ich mein Ziele?" Sobald diese Fragen geklärt sind und die richtigen Ressourcen ausgewählt wurden, kann es losgehen. Ist das entsprechende Know-how im Unternehmen nicht vorhanden ist, sollte nicht davor zurückgeschreckt werden, eine Agentur zu Rate zu ziehen. Diese kann wichtige Erfahrungen einbringen und dadurch das Risiko von Fehlern minimieren.

10. Literaturverzeichnis

10.1. Monographien

Aerni, M. und Bruhn, M. (2008): Integrierte Kommunikation, Compendio Bildungs-medien AG, 1. Auflage, Zürich 2008

Bäumer, J., Gebhard, D., Hann, S. (2009): Prekariat – Perspektiven der Wirt-schaftskommunikation Band 8, 1. Auflage, Norderstedt 2009

Bscheid, W. (2009): OnlineVideo Marketing – Perspektive und Erfolgsfaktoren, Plan.net, 1. Auflage, München 2009

Crabs, A., Bannour, K.-P. (2012): Follow me! Erfolgreiches Social Media Marketing mit Facebook, Twitter und Co., Galileo Computing, 1. Ausgabe, Bonn 2012

Evans, D. (2008): Social Media Marketing – An hour a day, Wiley Publishing, 1. Auflage, New York 2008

Falque, E., Williams, S.-J. (2012): Widersprüchliche Kundenbedürfnisse in der digi-talen Welt – und wie man sie in den Griff bekommt, Addison-Wesley Verlag, 1. Auf-lage, München 2012

Happe, G. (2010): Demografischer Wandel in der unternehmerischen Praxis", GWV Fachverlag, 2. Auflage, Wiesbaden 2010

Heymann-Reder, D. (2011):Social Media Marketing – Erfolgreiche Strategien für Sie und Ihr Unternehmen, Addison-Wesley, 1. Auflage, München 2011

Hilker, C. (2012): Social Media Für Unternehmen, Wie man Xing, Twitter, Youtube und Co. erfolgreich im Business einsetzt, Linde international, 1. Auflage, Wien 2012

Kilian, T., Langner, S. (2011): Online-Kommunikation – Kunden zielsicher verführen und beeinflussen, Gabler Verlag, 1. Auflage, Wiesbaden 2011

Lempke, G. (2012): Social Media Marketing – Analyse, Strategie, Konzeption, Umsetzung, Cornelsen, 1. Auflage, Berlin 2012

Olbricht, R. (2006): Marketing – Eine Einführung in die Marktorientierte Unternehmensführung, Springer, 2. Auflage, Heidelberg 2006

Pfeiffer, T., Koch, B. (2011): Social Media – Wie Sie mit Twitter, Facebook und Co. Ihren Kunden näher kommen, Addison-Wesley, 1. Auflage, München 2011

Qualmann, E. (2010): Socialnomics – Wie Social Media Wirtschaft und Gesellschaft verändern, mitp, 1. Auflage, Heidelberg 2010

Schüller, A., Schwarz, T. (2010): Leitfaden WOM Marketing, Marketing Börse, 1. Auflage, Waghäusel 2010

Singh, S. (2010): Social Media Marketing for Dummies, Wilsey Publishing, 1. Auflage, New York 2010

Steffenhagen, H. (2008):, Marketing – Eine Einführung, W. Kohlhammer GmbH, 6. Auflage, Stuttgart 2008

Tuten, T. (2008): Advertising 2.0 – Social Media Marketing in a Web 2.0 World, 1. Auflage, Greenwood 2008

Weinberg, T. (2010): Social Media Marketing – Strategien für Twitter, Facebook & Co, O'Reilly, 1. Ausgabe, Köln 2010

Weis, H.-C. (2009): Kompendium Marketing, Friedrich Kiehl Verlag, 15. Auflage, Herne 2009

Wolber, H. (2012): Die 11 Irrtümer über Social Media – Was Sie über Marketing und Reputationsmanagement in sozialen Netzwerken wissen sollten, Gabler Verlag, 1. Auflage, Wiesbaden 2012

Zarrella, D. (2010): Das Social Media Marketing Buch, O'Reilly, 1. Auflage, Köln 2010

10.2. Internetseiten

Allfacebook.de (2011): Facebook Nutzerdaten Deutschland, URL: http://allfacebook.de/userdata/, Abruf am 29.12.2011.

BITKOM (Bundesverband Informationswirtschaft, Telekommunikation und neue Medien e.V.) (2011a): Der typische Internetjunkie ist jung und männlich, URL: http://www.bitkom.org/de/markt_statistik/64026_68370.aspx, Abruf am 28.12.2011.

BITKOM (Bundesverband Informationswirtschaft, Telekommunikation und neue Medien e.V.) (2011b): Soziale Netzwerke, URL: http://www.bitkom.org/files/documents/BITKOM_Publikation_Soziale_Netzwerke.pd f, Abruf am 28.12.2011.

Braun, S., RAINBRAUN (2012): Screenshot der Webseite, URL: http://rainbraun.blogspot.com/, Abruf am 14.02.2012.

Breithut, J., Spiegel (2011): Virale Werbefallen – Pril schmeckt nach Hähnchen, URL: http://www.spiegel.de/netzwelt/web/0,1518,756532,00.html, Abruf am 27.12.2011.

BusinessOn (2011): Was ist ein Facebook-Fan wert, URL: http://www.business-on.de/ruhr/fans-facebook-wert-white-paper-produkt-_id5922.html, Abruf am 29.11.2011.

Facebook (2011a): Statistik, URL: https://www.facebook.com/press/info.php?statistics, Abruf am 29.12.2011.

Facebook (2011b): Coca-Cola Seite, URL: https://www.facebook.com/cocacola, Abruf am 29.12.2011.

Facebook (2012), Fallbeispiel Adidas, URL:
http://ads.ak.facebook.com/ads/FacebookAds/Adidas_DE_MP.pdf, Abruf am
11.01.2012.

Flickr (2011): Screenshot Deutsche-Bank-Seite, URL:
http://www.flickr.com/people/deutschebank/, Abruf am 28.12.2011.

Frickel, C., Focus (2011): Aufstand gegen Pril-Wettbewerb, URL:
http://www.focus.de/digital/internet/facebook/facebook-aufstand-gegen-pril-
wettbewerb_aid_628554.html, Abruf am 27.12.2011.

Google (2011): Screenshot Googlesuche „wellness mosel", URL:
http://www.google.de/search?source=ig&hl=de&rlz=&q=wellness+mosel&oq=welln
ess+mosel&aq=f&aqi=g6&aql=&gs_sm=3&gs_upl=75l4360l0l4872l24l15l1l0l0l1l48
8l2396l3-3.3l7l0&safe=active, Abruf am 18.11.2011.

Haupt, J., Heise (2011): VZ-Netzwerke unterziehen sich Radikalkur, URL:
http://www.heise.de/newsticker/meldung/VZ-Netzwerke-unterziehen-sich-
Radikalkur-1350969.html, Abruf am 28.12.2011.

Hillenbrand, T., Spiegel (2011): Unternehmen im sozialen Netz – Die Facebook-
Falle, URL: http://www.spiegel.de/netzwelt/web/0,1518,688975,00.html, Abruf am
27.12.2011.

Kleinz, T., Heise (2012): Datenleck beim StudiVZ, URL:
http://www.heise.de/security/meldung/Datenleck-beim-StudiVZ-Update-
119903.html, Abruf am 07.01.2012.

Kormbaki, M., HAZ (2011): Die „werberelevante Zielgruppe der 14- bis 49-
Jährigen", URL: http://www.haz.de/Nachrichten/Medien/Uebersicht/Die-
werberelevante-Zielgruppe-der-14-bis-49-Jaehrigen, Abruf am 30.12.2011.

LinkedIn Press Center (2011): About us, URL: http://press.linkedin.com/about,
Abruf am 07.12.2011.

Pfeiffer, T., Web evangelisten (2011a): Erstmals mehr als eine halbe Million aktive Twitteraccounts, URL: http://webevangelisten.de/erstmals-mehr-als-eine-halbe-million-aktive-twitteraccounts/, Abruf am 28.12.2011.

Pfeiffer, T., Web evangelisten (2011b): Twitternutzerzahlen wuchsen in einem Jahr um 142% auf jetzt 460.000, URL: http://webevangelisten.de/twitternutzerzahlen-wuchsen-in-einem-jahr-um-142-auf-jetzt-460-000/, Abruf am 28.12.2011.

Pusch, A, Socialmedia Blog (2011): Monitoring – Social Media Ziele messen, URL: http://www.socialmedia-blog.de/tag/monitoring/, Abruf am 28.12.2011.

Spiegel (2011): MySpace entlässt die Hälfte seiner Mitarbeiter, URL: www.spiegel.de/netzwelt/web/0,1518,739009,00.html, Abruf am 05.12.2011.

Statista (2011a): Internet-Nutzung in Deutschland im Jahr 2011 nach Alter, URL: http://de.statista.com/statistik/daten/studie/152044/umfrage/internet-nutzung-nach-alter-in-deutschland/, Abruf am 28.12.2011.

Statista (2011b): Nutzer von Facebook in Deutschland seit 2009, URL: http://de.statista.com/statistik/daten/studie/70189/umfrage/nutzer-von-facebook-in-deutschland-seit-2009/, Abruf am 29.12.2011.

Statista (2011c): Anzahl der Mitglieder des Social Netowrk „Xing", URL: http://de.statista.com/statistik/daten/studie/13587/umfrage/anzahl-der-mitglieder-des-social-network-xing-seit-2006/, Abruf am: 05.12.2011.

Stiftung Warentest (2012), Datenschutz oft Mangelhaft, URL: http://www.test.de/themen/computer-telefon/test/Soziale-Neetzwerke-Datenschutz-oft-mangelhaft-1854798-1855785, Abruf am 08.01.2012.

Taylor, C., CNNTech (2011): Social networking „utopia" isn't coming, URL: http://articles.cnn.com/2011-06-27/tech/limits.social.networking.taylor_1_twitter-users-facebook-friends-connections?_s=PM:TECH, Abruf am 28.12.2011.

Warren, C., Mashable Social Media (2011): How to: Measure Social Media ROI, URL: http://mashable.com/2009/10/27/social-media-roi/, Abruf am 28.12.2011.

Weber, T., Daimler Homepage (2011): Mercedes Benz mit den Augen der Welt, URL: http://blog.daimler.de/2009/04/23/mercedes-benz-mit-den-augen-der-welt/, Abruf am 30.12.2011.

Yahoo Advertising Solution (2011): Flickr, URL: http://advertising.yahoo.com/article/flickr.html, Abruf am 28.12.2011.

Youtube (2011a): Broadcast Yourself – Statistics, URL: http://www.youtube.com/t/press_statistics, Abruf am 28.12.2011.

Youtube (2011b): Screenshot Siemens-Seite, URL: http://www.youtube.com/user/siemens?blend=1&ob=4, Abruf am 28.12.2011.

www.ingramcontent.com/pod-product-compliance
Lightning Source LLC
La Vergne TN
LVHW092351060326
832902LV00008B/967